U0678967

绘制企业员工
心灵地图

王仲华 邓亚琪 ◎著

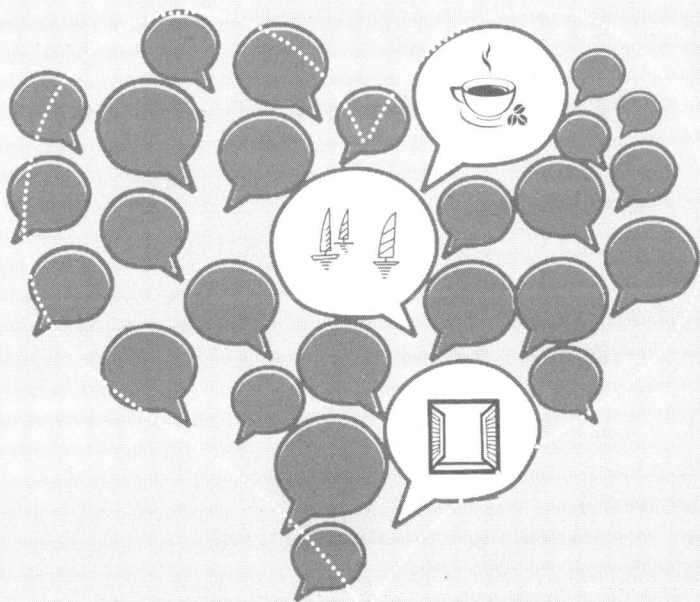

经济管理出版社
ECONOMY & MANAGEMENT PUBLISHING HOUSE

图书在版编目（CIP）数据

绘制企业员工心灵地图/王仲华，邓亚琪著 . —北京：经济管理出版社，2015.6
ISBN 978 - 7 - 5096 - 3855 - 2

Ⅰ.①绘… Ⅱ.①王… ②邓… Ⅲ.①企业管理—人事管理 Ⅳ.①F272.92

中国版本图书馆 CIP 数据核字（2015）第 147483 号

组稿编辑：张　艳
责任编辑：丁慧敏　范美琴
责任印制：黄章平
责任校对：超　凡

出版发行：经济管理出版社
　　　　　（北京市海淀区北蜂窝 8 号中雅大厦 A 座 11 层　100038）
网　　址：www.E - mp.com.cn
电　　话：(010) 51915602
印　　刷：三河市海波印务有限公司
经　　销：新华书店
开　　本：720mm×1000mm/16
印　　张：14.25
字　　数：190 千字
版　　次：2015 年 8 月第 1 版　2015 年 8 月第 1 次印刷
书　　号：ISBN 978 - 7 - 5096 - 3855 - 2
定　　价：39.00 元

推荐序

人是最重要的!

这是每一个企业、每一位领导者都知晓的道理,但是如何在注重人的重要性的同时又能有效地把握人呢? 这就是《绘制企业员工心灵地图》中所讲的内容。

本书中没有什么高深的道理,也没有过多华丽的词汇,更多的是平易近人的语言和通俗易懂的事例。

邓亚琪是我的朋友,他在给学生授课时常说的一句话就是:"员工的心理变化其实不复杂,如果用图表绘制出来,它更像一幅地图,绘制虽然困难,但是一旦绘制成功,就会为企业管理者节约许多时间,让管理者有据可依,并从这幅地图中找到相应的应对方式,从而将员工负面心理消灭在萌芽状态。"也许,这就是邓亚琪出版这本书的目的吧!

优秀的管理者都是善于驾驭下属情感的人,这是管理的至高境界,也是管理的核心。

对于每一位员工来说,他们都是有想干一番事业的决心的,管理者应做的就是激发员工这种"想干"的情绪,为这些员工创建一个"想干"的环境,调整到一个"想干"并"能干"的位置,就可以激发他们对挑战的兴趣,激起战斗的欲望。

员工是企业的核心竞争力,企业对员工的重视程度如何,往往会决定着企业的发展。员工是企业的灵魂,了解员工的需求,是企业管理者做好管理工作的第一步，而被人珍惜的孩子，自然就会更珍惜自己，这种认知的可贵甚于黄金。

当一个人的需求得到满足时，就会对生活和事业充满热情，在体验过程中找到自己生命的意义和价值。

当然，"金无足赤，人无完人"，员工也难免会犯这样那样的错误。其实，员工犯了错误，往往最痛苦的还是他自己，这个时候，管理者就更应该减轻员工的心理负担，鼓励他们轻装上阵，将功补过，帮助员工从错误中吸取教训，积累经验，不断提高工作能力。

在工作中，管理者一定要清楚一点——每一个员工都是有思想、有灵魂的人，而不是机器。这是人性，同时也是管理者体现管理魅力的一个方面。

因此，当我读过这本书之后，也极力推荐大家来阅读这本书，也许你会从这本书中受益匪浅，也许你会读出另一番意境。但更重要的是，我们都找到了员工的"心灵地图"。

李正豪

2015 年 5 月

前　言

　　员工是企业的核心竞争力，企业对员工的重视程度如何，会决定企业的发展。在世界 500 强企业中，员工是管理者最为关注的焦点，管理者十分清楚，无论企业的发展模式如何适应市场，最终的执行者仍然是员工。只有关注员工，提升员工的工作能力，企业的每一步发展才能得到有力的保障。

　　有句话叫"知人知面不知心"，虽然这句话多用于贬义，但却是事实。了解一个人，最难了解的就是他的内心世界。真正能够了解一个人已经很难，那么在环境复杂、员工众多的企业当中，管理者要想了解每一位员工的心理就更是难上加难。其实，员工的心理变化就像一幅地图，一旦绘制成功，就会为企业的管理者节约许多时间成本，让企业管理者可依据员工的心理变化，找到相应的应对方式，从而将员工负面心理消灭在萌芽状态。

　　绘制企业员工心理地图应该从这样几方面着手：第一，了解员工的需求。事实上，只有明确需求，管理者才能走进员工的内心世界。第二，对员工的情绪进行研究，即明确员工情绪的来源，找到源头，才能找到解决的方法。第三，了解员工的情感。这里的情感并非是指员工在爱情方面的个人感情，而是指员工用怎样的心情、心态去面对工作，面对企业。第四，关心员工的心理健康。员工的心理健康状况往往影响着他的工作效率及工作态度。员工有了健康的心理，才能够应对各种矛盾冲突和由此造成的心理压力，组织才能稳定和谐地发展。因此，关心员工心理健康不仅是人性的需要，而且也是企业组织健康发展的保障。第五，善于发现职场常见的心理障碍。我们常说，只有发现问题，才能解决问题，企业的管理者只有了解员工常见的障碍，才能对其表现给出正确的判断，从而快速地解决生产工作中的问题。第六，管理者要强化自身，做个"EAP（员工帮助计划）型"的管理者，走出"暴力"指挥的误区，用尽量少的命令去完成管理工作。

依据上述几方面去绘制员工的心理地图，将会使这份地图更具实用性；同时，这也是企业了解员工的出发点，正是有了这个出发点，才能让员工与企业共同发展，让员工对企业有极强的归属感，心甘情愿地为企业奉献青春和热血。

目　录

第一章 时刻准备——心灵素描

第一节 员工需要什么

员工是企业的灵魂，了解员工的需求，是企业管理者做好管理工作的第一步，那么，员工究竟需要什么呢？我们不妨从人性的角度来进行解析。

第一单元 展现的欲望

我们每一个人都希望自己是舞台上的明星，能够在属于自己的舞台上自由地发挥，这是人的一种梦想，同时也是一种心理需求。与其他的需求不同，这样的需求，在员工工作当中表现得更为明显，甚至可以说，展现自我是员工工作的动力所在，也是员工的主要需求之一。

在工作中，员工展现欲望有多种方式。比如，有的员工会积极地做好本职工作，同时，还会向更高的职位发起挑战。虽然这样的表现会让有些人误认为是一种野心，但只有员工自己知道，他想做的只是让自己有更好的展示自己才能的舞台，因为只有更大的舞台，才能让自己的想法变成现实，真正实现自我价值。

在一些企业中，有的管理者认为员工自我展现的欲望就是想尽办法出风头的表现，对于这样的员工，这种管理者的处理方式也很简单，甚至简单到有些粗暴，即强势地打压。事实上，这种打压不但伤害了员工的工作积极性，更伤害了员工的感情，让员工觉得自己在企业当中，不受欢迎，时间一长，压力增长到一定程度时，便会选择离去。现实中不乏这样的例子。

李强是一名企业的员工，职位轻松，待遇也算优厚，这样的一份工作让李强的很多朋友都感到十分羡慕。然而，李强对于这样的羡慕却始终保持着冷静，朋友们对此都很不解，难道李强对自己的工作还不满意吗？其实，答案只有李强自己知道。

李强对每天轻松而单一的工作早已感到了厌倦甚至疲劳。他也曾试图去改变现状，用积极的工作态度去面对工作，甚至有意去挑选有难度的工作。然而，他的表现被领导看在眼里，却认为李强是有意出风头，这让领导觉得他是一个不知足的员工，对他产生了戒备之心，甚至在工作当中有意打压。因此，李强虽然职位轻松，待遇也不错，但这份让朋友羡慕嫉妒的工作却没有为他带来快乐。

李强曾这样对朋友说："在我的眼中，工作的内容并不是越简单越好，我希望自己能够在工作中得到锻炼，可是我发现，我现在的工作离我心中的目标很远很远，远得我有些疲惫。"朋友听了他的话，很不以为然，说道："你就是典型的身在福中不知福。"李强听了，没有说话，但他却知道，自己现在的岗位并不是适合自己的发展平台，而自己想要更好地展现自己，却受到了压制。

一个月后，李强离开了所在的企业，找到了一个更适合的工作岗位。在李强看来，虽然后找的岗位工作内容有难度，与之相对的待遇也不很高，但却让他感到很舒心，因为在这个岗位上，他实现了自己的价值。对于李强积极的表现，公司的领导也一直看在眼里，但并没有因此认为这是他想出风头。

在李强的眼中，工作环境与生活环境一样，只有感到舒服，才能有更好的发展，才能真正实现自我的价值。

李强的故事说明，企业管理者要清楚地认识到，有理想的员工需要的不仅仅是工作，而是一个发挥自己价值的平台，如果企业将这个平台关闭，优秀的员工就会从心里对企业产生疏离感，这样的情感轻则让员工失去斗志，重则选择离开，无论哪一种结果，都会对企业造成影响和损失。

同时，注重人性是管理者体现管理魅力的又一方面。员工是有思想有灵魂的人，而不是机器，只要发出指令，就会按照指令去执行。管理者不要将员工的自我展现当成一种贪欲，其实这只是人性的一个方面，管理者对于员工这种人性的发挥，需要做的并不是一味地打压，而是适时地引导。这一点，世界 500 强企业的用人经验，可以给我们以启示。

世界 500 强企业用人有自己的原则，即能力与个人品质并重。虽然这些企业对员工的要求和管理很严格，但却并不限制员工个人的发挥，同时，还会为员工的发展提供平台。在 500 强企业工作的员工，可以将自己的价值充分地发挥出来，而不用担心因此受到领导的"不待见"。这就是世界 500 强企业可提供的工作环境，在这种环境中成长起来的员工，更懂得将企业视为家，这样的管理方式，不但可以让员工发挥出其潜能，展现其才智，更能为企业招揽更多的人才。

企业管理者在管理时，要充分了解员工的自我展现欲望。只有了解员工的这种心理，才能对员工的积极表现给予引导和肯定，从而增加员工对企业的凝聚力，让员工将自己视为企业大家庭中的一员。

单元总结与思考：

1. 每个优秀的员工都希望自己的优秀被管理者发现和认同。

2. 对员工的自我展现欲望不能一味打压，哪里有压迫哪里就有反抗。

3. 员工需要的不仅是工资，还有平台。

第二单元 员工人格梯形图

每个人都有自己不同的人格，不同人格的人，在企业当中将会发挥不同的作用。绘制员工人格构成的梯形图，将会更有利于企业管理者挖掘员工的潜力和能力。

一般而言，我们将员工的人格分为九种，即与九种类型的人格相对应。管理者针对不同的员工人格有不同的管理方法，这就是所谓的因人而异的管理方式。

第一类型是完美主义者。凡事追求完美是完美主义者的人格特性，也是他们对生活和工作的要求。这种类型的员工总是喜欢不断地进行批判，这种批判，不仅仅针对其他人，也针对自己；同时，这类员工在工作时总是喜欢追求最好，这样的人格会让他在工作中不断进步，他们是优秀的组织人才，能够很好地完成任务。

对于这种人格类型的员工，企业管理者如果能够正确引导，帮助他们悟出"完美"的真正含义，就会使其发挥出极大的能量，在工作中进行自我规范，成为有追求、有理想的人才。当然，企业管理者在管理实践中要注意方式和方法，只有方法得当，才能让这些员工对企业归心。

首先，这类员工对自身的要求会很高，管理者在有疑问时，不要用批判的方式向他们发问，而应以帮助他们了解事实为前提，以实事求是的态度去面对疑问。这是因为，这种类型的员工往往对被人操纵的做法既敏感又持批判态度。

其次，有完美主义倾向的员工往往固执己见，如果这种类型的员工对管理者的想法产生怀疑，那么在具体执行时其效果就会大打折扣。这时，管理者不要进行"填鸭式"的灌输，因为这样的做法不会起到好的作用，管理者应该换个角度，由发言一方转为倾听一方，让员工说出自己的想法，最后再由管理者进行总结。

比如，有一位管理者，在面对一个优秀的追求完美的员工时，就曾这样做过，他先倾听了这位员工的想法，之后，笑着说道："你的想法很好，我的想法中也有这样的一种思想，这是我们的共同点，其实，我的想法除了考虑这一方面的问题外，还考虑了其他的问题，哪种想法实行起来会更好一些。"这些话让那位固执的员工的思想有了改变，随着探讨的深入，他终于明白了管理者想法的高明之处。

也许有些管理者会认为，案例中管理者的这种做法根本就是在浪费时间，有了结果，员工只要执行就可以了。殊不知，如果这个员工是主要的执行人，管理者就要向其充分说明，只有这样，执行结果才能符合或超出最初的期待。

最后，执着于完美的员工往往都是沉浸在自己的世界当中，但企业文化强调团结与分享，因此，管理者需要做的就是鼓励这类员工和别人分享他们的快乐，让他们有集体感，并朝着企业的愿景目标看，从而完成从个人主义到团体作战的转变。

第二类型是给予者。这类员工是企业当中乐于助人、慷慨大方的代表。人际关系是他们满足自己给予需求的一个媒介，这类员工总是在帮助别人中找到自己的位置，善于付出，甚至有意为得到而付出，可以说，他们是天生的照顾者和支持者。企业当中的这类员工属于配合度高，忠诚且无私的好帮手。

企业管理者在和这类员工进行沟通时，要表现出对他们所做之事的感激，同时，要在沟通中让员工明白，他们不必用特别的事情或帮助来博得其他人的欢心，只要做好本职工作，就是对企业最好的报答。

在工作中，给予型员工在执行某个方案时，总是用埋头苦干的方式来进行工作，遇到困难，也会因自己的人格特质而不愿向他人开口求助。因此，对于这类员工，管理者一定要告诉他们，工作不是一个人的事情，只有与同事不断沟通，事情才会变得顺利。

第三类型是实践者。在企业当中，这种人格类型的员工有着超强的工作精神，他们奋力追求成功，这类员工是企业的核心，具有极强的竞争力，勇于实践的他们往往能走出理论的误区，成为企业实干型人物。这类员工无论处于何种压力、何种竞争下，都会将成功作为自己的最终目标。高目标决定了高效的工作方式，因此，实践型员工会成为杰出的团队领袖，能用热情和希望激发别人，围绕在他周围的人会产生共同的价值观，从而凝聚力更强，整个团队的战斗力也会增强。

企业管理者在与实践类型的员工进行交流时，要强调求同存异，让他们明白，每个人都会有自己的想法，切不可将自己的想法强加在他人身上，否则，效果就会适得其反。只有有价值的目标，才能建立起深厚的联系。

第四类型是浪漫主义者。浪漫的员工身上具有世俗气质，常活在"失落了生命中某项重要事物"的感觉中。这类员工往往情绪不稳定，工作效率也因此时高时低。

管理者在领导这类员工时，需要挖掘出他们身上的创造力和魅力，让他们学会做自己情绪的主人，不让消极情绪去干扰既定的目标。

第五类型是观察者。有些优秀的员工会将思考当成一种习惯，比如在管理者交给他们一项任务时，他们并不急于去做，而是先去思考，将任务的轻重缓急想明白。而一些没有觉醒的观察者往往在工作时，表现出退缩、好猜忌、恃才自傲等特性，这些特性让他们成为工作中不受欢迎的人。

管理者在面对这一类型的员工时，要让他们摆脱未觉醒的状态，使他们成为真正的观察者。让他们将观察的重点转移到觉知力、专注力，以及客观而富有创新精神的创造力上面来，让他们能够将其智慧的一面运用到工作实践当中去。

第六类型是质问者。在企业中有这样一种员工，他们把周围的一切都当成威胁。怀疑之心让他们对每个人都保持着警惕，每天活在自己设置的假想画面中。偏执倾向，没有效率和弹性，以至于他们很难完成工作任务，退缩、怠惰、唯唯诺诺是他们对待工作的方式。

管理者在与有质问人格的员工进行沟通时，需要以导师的身份引导他们产生的心智，明辨是非，告别无谓的想象，让他们成为一诺千金的实践者，从而更好地完成工作。

第七类型是享乐主义者。对于这类员工而言，工作只是一碗饭，至于这碗饭味道如何并不重要，重要的是能够得到它。这类员工对工作的态度是只要差不多即可，他们会将剩余的时间都用来在生活中享乐。另外，这类员工享受新的经验、新的人群和新的点子，十分富有创意。

对于这类员工，管理者需要激发出他们的热情，将其丰富的想象力运用到工作当中，从而让工作从内容到层次都上一个新的台阶。

第八类型是支配者。这种类型的员工往往很难相处，是团队当中比较难以管理的人物，他们往往独断事物，而且有时具有攻击性。但这类员工有自己的理想，他们知道自己在想什么，并愿意为此而战。

这类员工在受到正确引导后，往往会成为一个团队的管理者，追求公平公正，从而让整个团队向着更好的方向发展。支配型员工的这些特点，给管理者提出了管理方式的特殊要求，因此需要管理者认真思考，采取有针对性的管理方法。

第九类型是媒介者。在企业员工当中，有些人也许能让周围的同事都很了解，唯独自己不了解自己。在工作当中，他们总是做着配合者的角色，这种员工往往宽大慷慨、好相处，是和平的使者，是企业团队当中的均衡能量，能够不计个人得失，以工作大局为重，从而能够为每个人做贡献。

这种类型的员工是现代企业当中极为宝贵的资源，对于这类员工，管理者要重视起来并加以珍惜。

综合上述九种人格，我们可以将其绘制成员工人格梯形图，如图 1－1 所示。

```
         媒介
        支配者
      享乐主义者
       质问者
       观察者
      浪漫主义者
       实践者
        给予者
       完美主义者
```

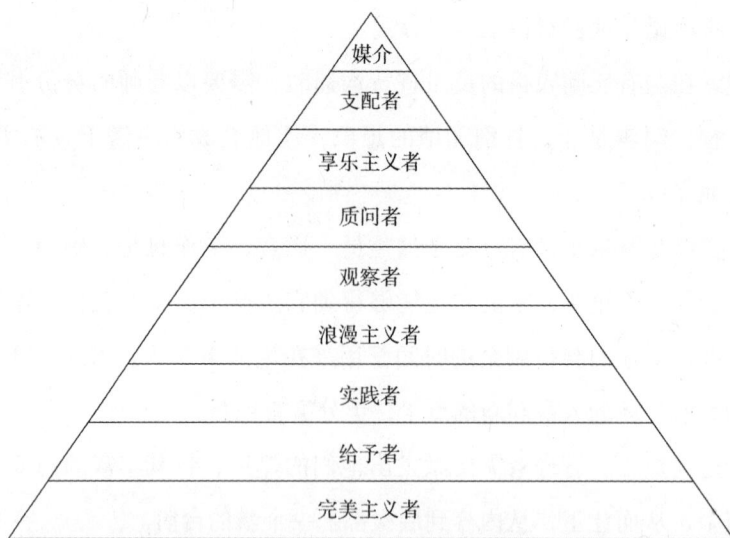

图 1-1　员工人格梯形图

图 1-1 可以分为三个部分：

一是以头脑为主的人格类型（第五、第六、第七人格类型）。这种员工有很强的分析能力，善于思考，做事相对周密，适合做决策。

二是以心为主的人格类型（第二、第三、第四人格类型）。这类员工往往极为聪明，他们能够快速地明白他人的需求，同时加以回应，正确引导，能够很好地与同事进行配合，有利于更好地完成工作。

三是以行动为主的人格类型（第一、第八、第九人格类型）。这种员工往往忘记自我，本能就是行动。

这三种类型，各具特点，只要管理者依据这些特点，安排相应的职位，就会让每个员工都能实现自己的价值，同时，也为企业创造更多的价值。

> **单元总结与思考：**
>
> 1. 你的员工是些怎样的人？
>
> 2. 不同人格的人为你的企业带来哪些价值？

第三单元　员工的心理需求

每个人的心中都会有一些自己渴望的东西，这份渴望就是心理需求。员工作为企业的一员，了解员工的心理需求，也是企业管理者管理工作的一个重要方面。

员工的心理需求有多种表现方式，比如，有的希望有物质方面的补偿，有的则希望在精神方面得到鼓励。无论哪种诉求，企业管理者都要从其平时的一言一行中得到线索，以便让员工的心理需求得到满足。

一般而言，员工的心理需求是多方面的，分为诸多层次。美国著名的社会心理学家，第三代心理学的开创者亚伯拉罕·马斯洛总结过需要层次理论，他认为，生理需求以外的安全、爱与归属、被人尊重、自我实现，都属于心理需求。对员工而言，被人尊重的需求、自我实现的需求和安全的需求是其主要的需求方面，也是企业能够给予的需求回应。

安全感需求是我们的生活需求，这种需求不仅是企业员工，也是每个人生活的必需，因此，企业管理者要将这个需求作为关心员工的第一步，只有这样的关心，才能真正深入员工的内心。马斯洛还认为，只有在这些最基本的需要得到满足维持生存所必需的程度后，其他的需要才能成为新的激励因素。

奋发向上的精神是社会前进的动力，也是企业发展的动力。员工有自我实现的需求，会胸怀大志，愿意为企业多做贡献，这是企业的一笔珍贵财富，应爱惜、保护。有的企业管理者将这种关心流于表面，只是口头性的安慰，但这对员工而言是无法真正解决困难的。应当采取积极措施，比如经常开展一些评比和竞赛，有利于员工的自我实现。

事业是一个人生命的另一种绽放方式。事业的成功往往会让一个人充满成就感，这份成就感就是对自我价值实现的肯定。马斯洛提出，为满足自我实现需要所采取的途径是因人而异的。

郑荣是一个很有责任心的人，虽然他的家庭能够为他的成功提供金钱、人脉方面的便利，但郑荣却从未想过要利用这样的背景。这样的想法在很多人看来是不可思议的，但郑荣却偏偏不等不靠，在外面打工三年，开创了属于自己的广告公司。

郑荣的朋友认为，他完全可以直接创业，不必浪费那三年的时间，但郑荣对此却并不认同。他认为，自己是一个独立的人，有自己的价值，而打工的三年让他找到了真正的自我，有了解决问题的能力，这个价值不是用金钱能衡量的。

郑荣的故事告诉我们，捷径固然可以加快成功的步伐，但自己开辟出来的路走得会更稳。这对企业员工应该是个重要的启示。现在，有很多人都忘记了最初的最单纯的理想，有相当一部分员工，将工作视为饭碗，虽然这也是工作的一种目的，但却并非是真正的心理需求，在这种情况下，跳槽事件频频发生，也就不足为奇了。

在企业中，自我实现已经成为员工选择工作的一个主要方向，但无论何种实现方式，都需要企业去创造一个适合员工自我实现的平台，只有创造这样的平台，员工才能将自己的潜能发挥出来，实现自我的价值，让员工成为自己所期望的人。因此，企业的管理者要给员工实现理想的空间，让他们在工作中找到自己的位置，在工作中找到生命的乐趣，只有这样的工作环境，才会让员工的心安定下来。

在员工的心理需求当中，被人尊重的需求是最为强烈的。管理者的尊重往往能够带给员工自信，这种自信，将会帮助员工在事业上取得突破和成功。

周海是一家企业的员工，在这个企业当中，他是普通得不能再普通的员工。这样的一种存在，连周海都觉得自己并不重要，因为他的工作很简单，就是为汽车上螺丝，这份工作在很多人眼中是个没有技术含量，无须任何水准的工种。这样的想法让他很自卑，情绪越来越低落，他的主管发现了这一情况，于是在闲暇之余找他畅谈。

最初，两个人都刻意回避敏感的话题，随着交谈的深入，周海对主管说了自己的情况。主管听后，笑着拿起桌上的茶杯，说道："我们喝的是茶，但茶杯对我们却同样重要，虽然你的工作很简单，但却需要责任心，同时，也是我们生产好的汽车必不可少的环节。少了像你这样兢兢业业的工人，我们的汽车怎么能够上路呢？所以，你们也是企业最需要的人才。"听了主管的话，周海觉得自己好像又"活"过来了，此时他才认识到，原来自己也是被尊重、被重视的。

自从与主管谈话后，周海整个人变得自信起来，工作效率也在这种自信中不断提升，在年终时，他还获得了劳模的奖励，而这一切却只缘于那次出于尊重的谈话。

由此可见，我们每个人的意识当中，都希望自己能够被尊重。当需要尊重的心理需求得到满足时，就会对生活和事业充满热情，在体验过程中找到自己生命的意义和价值。

每个员工的心理需求层次都不相同，但方向却相同，管理者只要能够充分考虑到员工的心理需求方向并制定相应的关心政策，才会让员工的心理需求得到一定程度的满足，从而强化对企业的归属感。

> **单元总结与思考：**
>
> 1. 安全感需求是第一层次，没有足够的物质吸引，就没有员工的努力拼搏。
>
> 2. 每个人都希望自己被尊重，这是任何合作成功的前提。
>
> 3. 工作不能只是员工的饭碗，即便这是事实，也要为其提供"包装"，而最好的包装材料就是满足员工的自我实现需求。

第二节　员工心灵动机

人的心灵就像一颗种子，只有不断地进行浇灌，它才能成长起来。每个人心中的种子如何激发，也许方法不同，但动机却一致。

第一单元　心灵动机的种类

我们都知道，行善是一件值得宣扬的事情，但在行善的过程中，我们也会遇到这样或那样的障碍，这时，能够让我们坚持下去的心灵动机是：只要坚持，就一定会有收获。

有一天，一个年轻人走在一条偏僻的路上，在走的过程中，好像听到了哭泣的声音，当时，他无法辨别，于是走上前去看。当他来到一座桥的旁边后，发现一只有两个月大左右的小狗躺在泥泞的河床上，在这只小狗的头上有一道伤痕，且被污泥遮盖着，它的前腿肿起，还被细绳捆绑着。这个年轻人看到这样的情形顿时起了怜悯之心，一心想要帮助小狗。然而，当他走近时，这只小狗立刻停止哀叫，反而对他开始咆哮。这个年轻人并没有因此放弃，而是耐心地坐下来，开始温柔地和小狗说话。

过了一会儿，小狗终于安静了下来，这个年轻人终于有机会接触小狗。他将小狗身上的细绳解开，并将它带回家，每天细心地照顾小狗，细心地处理它的伤口。数个星期后，当他再次接近时，小狗开始摇动它的尾巴……

有些时候，我们做成一件事情需要强大的动机做后盾，在这个过程中，坚持、相信，就是一种强有力的心灵动机。

在企业中，心灵动机有很多种，比如获得成就感、实现自我价值等都是心灵动机。员工的工作表现也会因这些具有"正能量"的心灵动机而变得更加优秀，而企业管理者需要做的就是激发出员工的心灵动机。

在一家企业当中，有一名员工，他的工作表现很好，只是有一个致命的缺点，就是缺乏毅力，做任何事情都是三分钟热度。这让他的主管感到很为难，因为这样的做事方式是无法真正获得成功的，因此，主管从不将重要的事情交给他。这样的做法，让这位员工产生了不满的情绪，在不断积累后，开始消极怠工。

主管将这一切看在眼里，没有任何责怪，只是交给他一项极为重要的工作，并对他说道："这项工作很重要，需要全力以赴才能完成。我把它交给你，你会给我满意的结果对吧？"这位员工听了主管的话后，重重地点点头，说道："放心，我一定完成任务。"

这位员工重新获得信任，责任感空前强烈，对主管交给的任务投入了百分百的热情和耐心，当任务完成那一刻，连他自己都不敢相信，原来自己竟然可以对工作从始至终保持热情。

正当他暗自喜悦的时候，他的主管这样对他说："一个人心灵没有动机，就不会有动力，当你在感受到自己不受重视时，就是情绪最低点，这就像将一只老虎长期关在笼子中，一旦有机会放出，就会勇往直前。"

这位员工听了主管的话，终于明白原来主管是想用这样的方法，激起自己的能量，唤醒自己沉睡的心灵。

每位员工都有自己的心灵动机，信任、理想、尊重、安全等，这些都是员工的心灵动机，企业的管理者只有针对每一位员工不同的心灵动机进行有效的引导和激发，员工的潜能才会被挖掘出来，使其稳步成长起来。

单元总结与思考：

1. 在佛学当中，讲究一切以心为出发点，在工作当中，心灵的作用同样也不可忽视。

2. 激发员工的心灵动机有四种方法，即多鼓励、用奖励、重人情和善倾听。

第二单元　工作动机

长时间的工作往往容易让人产生巨大的压力，在这种压力下，员工的情绪开始变得不稳定，一些消极的感受便会趁机占据主导地位，影响员工的工作效率。

员工的消极感受，包括压力大、累、无聊、不开心、待遇差、痛苦、入错行等，这样的感受让员工对工作毫无乐趣可言，原本应该快乐的工作变成了员工强迫自己不得不接受的痛苦。人一旦产生痛苦的感觉，离放弃的距离也就越来越近了。

一个人如果长期处在消极、压抑的感受之下，就会失去思考的能力，找不到原因，自然会迷失方向。其实，一个人之所以对工作产生这样的感受，是因为他没有找到真正的工作动机，在这种人的心中，工作从来都是被迫的，它只是一种职业，是一个饭碗。客观地说，这也是一种动机，但很明显这种工作动机太过肤浅，肤浅到让员工只想浅尝辄止，不想更深入地去研究和挖掘。

每个人都需要工作，只有少数人找到了工作的真谛，多数人仍在底层徘徊，如图1-2所示。

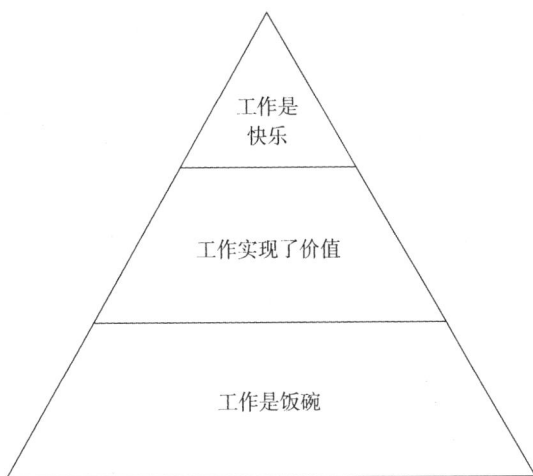

图1-2　对工作的认知

　　在生活中，我们常常会有这样的冲动，如果这件东西是我们喜欢的，我们就会想方设法地得到，如果不喜欢，我们就连多看一眼的兴趣也提不起来。之所以会产生这样的差别，是因为我们的动机不同。工作动机也是如此，如果员工能将自己的工作动机提一个层次，达到将工作当成一生的事业来经营和追求，那么在这个动机的驱使下，员工的工作热情就会迅速攀升，最终达到管理者和员工理想的工作状态。

　　现在的职场已经成为没有硝烟的战场，在这场战斗中，工作动机是诸多交锋中的一场重要的战斗，提升员工的工作动机是企业管理者获取胜利的一个重要手段。

　　工作能为员工带去什么？管理者要引导员工进行这样的思考，让员工明确，工作也是有层次的。在当今社会中，不谈金钱是不现实的，无论怎样有理想的员工都需要经济保障，经济需求是工作动机的第一层次。当员工的经济问题解决后，管理者需要让员工进行深入的思考，提升工作动机层次，让员工将工作赋予生命，将工作当成自身的一部分，让工作的动机由金钱变成梦想变成未来。现实中，成功者多属于这个层次。

李浩在一家广告公司上班，对于这份工作他投入了极大的热情，在他看来，这份工作绝不仅仅是一个赚钱的工具，而是实现他梦想的平台。正是这样的想法，让李浩在工作中总是更为主动，不但高效地完成了自己的本职工作，同时，还会帮助其他人。

一般来讲，像李浩这样的人应该是十分受欢迎的，但每个公司都会有几个自己工作不努力，却总是喜欢对他人的工作指手画脚的人，李浩也没能得以幸免。在公司中，有的同事就说他："工作不要命，总是出风头，这是'不甘寂寞'啊！"

一个人努力工作还要受到他人的诟病，就算再豁达的人都会感到不舒服，但李浩并没有因他人的异议而改变。

一次，有一家公司的老客户需要一套广告方案，并要求在短时间完成。这样的事情很多时候是出力不讨好的，时间有限，工作量自然大，压力也会随之增大。就在他人都不肯接手的情况下，李浩站了出来，加班加点地做出了让这位老客户十分满意的广告方案。

广告公司的总经理将这一切看在眼里，认为李浩是个将工作视为生命的人，他也相信，这样的人才是公司需要的，于是决定提拔李浩。结果，李浩越过了很多老员工，直接坐上了设计主管的位置。

像李浩这样的故事给我们很大启示：企业管理者要让员工明白，一个不思进取的人，是无法得到上级的认可的，没有认可，自然也不会受到重用，只有那些工作动机明确、有层次的员工才能得到信任。

众所周知，人是这个世界的主宰。但很多员工却在工作面前，由主人的地位变成了仆从，这样的转变，其根本原因是工作动机层次不够，失去了正确的工作动机。工作任务的完成从来都不是想当然的，而是需要积极主动的。管理者只有让员工做工作的主人，才能让其在工作中找到快乐，愿意为工作不断付出。

我们每个人做事情都需要动机，员工的工作同样也需要，只有高品质的动机才能带来高品质的工作效率，同样，也才能为员工带来高品质的生活和事业。

> **单元总结与思考：**
>
> 1. 工作满足了员工的生存需求。
> 2. 工作让员工找到了生活的方向。
> 3. 工作让员工走出了属于自己的发展之路。

第三单元　我需要成就感

有事业心的员工，对"成就感"这个词最为敏感，在他们看来，成就感是一个人最为自豪的事情，没有成就感，工作就失去了意义。可见成就感成就的是一个人的尊严及信心，让他的生命从单调变得丰富多彩，这样的转变是任何其他物质因素都无法给予的。

很多管理者认为，员工在物质面前是没有任何抵抗力的，这样的想法也许对一些没有理想的员工而言是有效的，但对那些视理想为生命的员工并不成立。有理想的员工需要的是事业上的成就感，虽然物质也是选择的一方面，但却不是决定因素。

一家企业当中有这样一名员工，他大学毕业不久就进入了这家企业做储备干部，无论从个人待遇还是工作环境都不错。这样的工作对于很多应届生而言是一个值得期待的选择，但这位员工却并不这样想，而是在工作两个月后，主动要求去做一名业务人员。

放着悠闲的职位不做，却偏偏选择最为辛苦的业务工作，这个选择让同期进入企业的其他应届生都感到意外。这家企业的总经理却从这个行为当中，看出了一些其他的东西，但还是对这位员工进行了必要的提醒："业务工作只有很少的底薪，如果没有业绩还会面临失业，这样的话，你还要坚持自己的选择吗？"

这位员工听了总经理的话，笑了笑，说道："我认为，了解一个企业就要找一个合适的切入点，而做业务无疑是最佳的选择，我想要的是事业而不是工作。成就感对我而言，才是最想要的东西。"

总经理听了他的话，点点头，带着赞赏的语气说："我同意你的观点，所以去用心了解企业吧！"

这位员工成功调动职位后，每天的生活也发生了改变，不断地研究产品、研究客户、研究自己与客户的沟通方式等。功夫不负苦心人，经过努力，这位员工在第一个月就产生了两单业绩，虽然这个成绩并不算特别突出，但却给了他鼓舞。

有投入就会有收获，一年之后，这位员工成为能带领一支销售团队的主管，这样的成绩让企业的其他员工都刮目相看。对此，这位员工并不满足，他认为，他想要的成就感绝不止于此，这份进取心让他每一天都很充实，同时，每一天也都在向更高的目标迈进。

一个成功的人需要什么？从这个员工的成长经历当中我们就能够得到答案：成就感是一个员工从普通变得优秀的一个思想条件，少了它，员工的成长就少了推进的动力。

在企业当中，员工成就感的产生需要引导，比如，当一个企业对优秀员工进行表彰时，下面的员工就会在内心形成对比，这种对比在很多情况下可以转化为动力，让普通员工产生进取心，从而在内心形成需要成就感的冲动和愿望。因此，企业管理者要设置公平的竞争机制，用这种机制调动员工工作的积极性，只有公平的环境，才能造就更多的优秀员工，让更多员工愿意为了成就感而不断努力进取。

每个人千辛万苦，都是为了获得成就感。成就感是每一个自我尊重的人都会产生的，而员工的成就感来源于企业。事实上，员工的成就感往往与地位无关，在企业当中，管理者的成就感也许来源于管理的成功，但员工的成就感往往来源于对本职工作的圆满完成。可见地位与成就感之间并无直接的关系。

成就感有强弱之分，同为员工，同做一件事情，结果却不同，成就感的强弱自然也不同。每个人成就感的大小与心境有关，比如，街头的乞丐，一天讨到一百元钱，就会有成就感；而世界首富比尔·盖茨的企业每年再添 10 亿美元，他也许也不会产生过多的成就感。这就是境由心生。

在世界 500 强企业当中，每一位员工都知道自己的责任，他们都会坚守本职工作，认真完成工作内容，他们从工作当中找到了自己的价值和成就感，而企业则为他们提供展现自我的机会。正是在这种"心有灵犀"的配合下，世界 500 强企业的发展之路才会越来越顺畅。

单元总结与思考：

1. 成就感是员工自我激励的一种有效方式。

2. 成就感有大小与强弱之分，每个员工的成就感都会因自身的要求不同，而产生不同的激励作用。

第二章　整装待发——情感与情绪

第一节　认知情感

人的一生，总是在情感的海洋中游弋，在色彩斑斓的情感世界里领略着人生五味。正是由于这个原因，古往今来，人们为此感叹，亦为此迷惑，不断提出一个古老又常新的问题：情感究竟是什么？

第一单元　情感的种类

情感，是对感情性过程的体验和感受，经常被用来描述具有稳定而深刻社会含义的高级感情。它所代表的感情内容，诸如对祖国的尊严感、对事业的酷爱、对美的欣赏时，其所指的感情内容不是指其语义内涵，而是指对这些事物的社会意义在感情上的体验。

史学家钱穆撰写的通史性论著《国史大纲》中有一句话说："惟知之深，故爱之切。"由此可见，人的情感是在认识的基础上产生的，没有一定的认识，就不可能有什么情感。情感的产生虽然与生理激活状态紧密地联系在一起，但它不是单纯由生理激活状态所决定，而必须通过人的认识活动的"折射"才能产生。

某公司市场部经理被一家很有实力、发展迅速的公司看中，想聘请他为自己公司的市场部经理，而且工资将翻倍，同时还有其他诱人的条件。但该经理却坚决地回绝了，因为他爱这个团体，希望可以和公司一起成长，希望公司能够平稳发展。

市场部经理的这种选择，与他所在公司的企业文化不无关系。在公司，员工的收入在同行业中属于中等偏上，在薪金不占优势的条件下，公司主要靠感情投资来留住员工，公司就像一个大家庭。比如在年度大会上，公司提出"一起创造，一起分享"，总能给员工们一种"家"的感觉，大家共同努力，然后共同享受这种成果。

公司的家庭气氛与公司对内部沟通的重视是分不开的。领导鼓励全公司的人采用各种形式进行沟通。公司领导专门利用半天的时间去跟员工交流。为员工提供相关的家政服务，定期举办聚会，提供相互交流的机会。公司还有这样一个传统，就是谁要买了房子，大家都会去他们家，帮他家"暖房"，气氛很是温馨。此外，还有娱乐资金预算来保证，主要分为两部分，一部分是公司内部组建员工委员会来控制每个预算的实施，用来推行和开展整个公司的娱乐预算；另一部分是经理控制的，主要实施于项目小组之中。所有的这些都是纯粹的娱乐费用，员工为不经意受到关心而感动不已。

在公司工作的日子里，新老员工们都很开心、愉快，因为他们见证了一个公司的诞生和成长，就像自己抚育的一个孩子，形成了一种不离不弃的感情，而新员工正与公司一同前进，迎接着公司一个又一个的奇迹。

当企业行为符合员工的理想和价值追求时，员工就会感到自尊、自重，有一种自豪感；而当企业行为同自己坚持的理想和价值标准相违背时，员工就会感到痛苦、懊悔，甚至丧失自尊心。上述公司的情感投入给我们以重要的启示，显然，该公司员工在积极情感的作用下，能以企业价值为目标对自己的行为产生调控和监督作用。

人的情感复杂多样，可以从不同的观察角度进行分类。由于情感的核心内容是价值，所以人的情感应该根据它所反映的价值关系的运动与变化的不同特点进行分类。

根据价值的正负变化方向的不同，情感可分为正向情感与负向情感。正向情感是人对正向价值的增加或负向价值的减少所产生的情感，如愉快、信任、感激、庆幸等；负向情感是人对正向价值的减少或负向价值的增加所产生的情感，如痛苦、鄙视、仇恨、嫉妒等。

根据价值的强度和持续时间的不同，情感可分为心境、热情与激情。心境是指强度较低但持续时间较长的情感，它是一种微弱、平静而持久的情感，如绵绵柔情、闷闷不乐、耿耿于怀等；热情是指强度较高但持续时间较短的情感，它是一种强有力、稳定而深厚的情感，如兴高采烈、欢欣鼓舞、孜孜不倦等；激情是指强度很高但持续时间很短的情感，它是一种猛烈、迅速爆发、短暂的情感，如狂喜、愤怒、恐惧、绝望等。

根据价值的主导变量的不同，情感可分为欲望、情绪与感情。当主导变量是人的品质特性时，人对事物所产生的情感就是欲望；当主导变量是环境的品质特性时，人对事物所产生的情感就是情绪；当主导变量是事物的品质特性时，人对事物所产生的情感就是感情。

根据价值主体类型的不同，情感可分为个人情感、集体情感和社会情感。个人情感是指个人对事物所产生的情感；集体情感是指集体成员对事物所产生的合成情感，阶级情感是一种典型的集体情感；社会情感是指社会成员对事物所产生的合成情感，民族情感是一种典型的社会情感。

根据事物基本价值类型的不同，情感可分为真假感、善恶感和美丑感三种。真假感是人对思维性事物（如知识、思维方式等）所产生的情感；善恶感是人对行为性事物（如行为、行为规范等）所产生的情感；美丑感是人对生理性事物（如生活资料、生产资料等）所产生的情感。

根据价值的目标指向的不同，情感可分为对物情感、对人情感、对己情感和对特殊事物情感四大类。对物情感包括喜欢、厌烦等；对人情感包括仇恨、嫉妒、爱戴等；对己情感包括自卑感、自豪感等。

根据价值作用时期的不同，情感可分为追溯性情感、现实性情感和期望性情感。追溯性情感是指人对过去事物的情感，包括遗憾、庆幸、怀念等；现实性情感是指人对现实事物的情感；期望性情感是指人对未来事物的情感，包括自信、信任、绝望、期待等。

根据价值的动态变化的特点，可分为确定性情感和概率性情感。确定性情感是指人对价值确定性事物的情感；概率性情感是指人对价值不确定性事物的情感，包括迷茫感、神秘感等。

根据价值层次的不同，情感可分为温饱类、安全与健康类、人尊与自尊类和自我实现类情感四大类。温饱类情感包括酸、甜、苦、辣、热、冷、饿、渴、疼、痒、闷等；安全与健康类情感包括舒适感、安逸感、快活感、恐惧感、担心感、不安感等；人尊与自尊类情感包括自信感、自爱感、自豪感、尊佩感、友善感、思念感、自责感、孤独感、受骗感和受辱感等；自我实现类情感包括抱负感、使命感、成就感、超越感、失落感、受挫感、沉沦感等。

一个人能不能有发展，会不会获得成功，智商和情商都很重要。当前员工的专业知识普遍是不错的，但缺乏的是商业知识、市场知识，尤其是沟通能力、适应能力、协调能力，以及面对压力的心态、韧性等，而这些又往往是与情感相关联的。当企业的管理者了解了上述这些情感特点后，会有助于在管理实践中区别对待不同员工的不同情感，通过采取积极的情感投入策略，收到良好的管理效果。

单元总结与思考：

1. 情感是人类态度的一部分，企业员工需要的不只有工资，还有情感价值的享受。

2. 情感可以在一定程度上阻止、压抑、诱发、转移、强化或诱导员工对某种价值的需要，可以相对自主地选择生存环境和发展方向。

3. 情感对人的思想理念、敬业精神乃至价值观都有着十分重要的影响，还能把人的知识转变为积极行动的力量，提升精神资本的价值，激发人的最大潜能。

第二单元　情感的表达

人的任何一种情感都可以找到另外一种和它在性质上恰好相反的情感，如满意与不满意、欢乐与悲伤、热爱与憎恨等，这就是情感的两极性。

人的情感总是在一定的情境中产生，例如，在具有快乐气氛的情境中，一个人就会产生快乐感；在具有悲哀的情境中，一个人就会产生悲伤感。这就是情感的情境性。触"境"往往生"情"，因此，要避免消极的、不愉快的情感，应注意避免有关的情景刺激。

情感的动力功能可分为增力功能与减力功能。增力功能是指积极乐观的情感，如良好的心境、饱满的热情、忘我的痴情等，它能够驱使人积极地行动，提高工作和学习的效率。减力功能是指消极的、悲伤的情感，如烦乱的心绪、极度的哀伤、冷漠的态度等，它会使人行动消极，降低工作和学习效率。

美国标准石油公司曾经有一位小员工叫阿基波特，因为他其貌不扬，各方面都很普通，同事们经常忽视他。但阿基波特对公司对工作有一份极大的热情，促使他养成了一个好习惯，而且是几年如一日：无论是在出差还是在自己休假的时候，只要有签名的机会，阿基波特总是在自己签名的下方写上"每桶4美元的标准石油"的字样。大家都觉得他很奇怪，因此被同事们嘲笑叫做"每桶4美元"，而他的真名倒没人叫了。

公司董事长洛克菲勒知道这件事后非常震撼："竟有员工如此努力宣扬公司的声誉，竟然有员工对企业这么有感情。我要见见他。"于是邀请阿基波特共进晚餐。

后来，洛克菲勒卸任，阿基波特成了标准石油公司第二任董事长。更为重要的一点是，他成为了标准石油公司历史上贡献最大的一任董事长。

阿基波特以自己的实践证明了这样一个道理：一个平凡的人，只要拥有一种对企业执着的热爱，他就能坚持了别人坚持不了的事情，他就做到了别人做不到的事情，他就能取得很多能力超群的人所企及不了的高度。

世界著名的无产阶级革命家列宁曾说："没有'人的感情'，就从来没有，也不可能有人对真理的追求。"高级神经活动学说创始人巴甫洛夫也说："科学是需要人的毕生精力的。假定你们能有两次生命，这对你们来说还是不够用的，科学是需要人的高度紧张性和很大的热情的。希望大家在工作和探讨中都能热情澎湃。"这些著名论述，都阐释了情感的增力功能。在工作中，人们所需要的就是情感的增力功能，而不是减力功能。

人在进行生产活动和社会交往过程中，为了更好地进行分工合作，就必须及时准确地了解彼此之间的价值关系，主要包括三方面内容：一是对方所处的价值关系（能力、职业、身体状况、社会地位等）；二是对方对于同一事物的态度（赞成、反对、中立等）；三是对方对于自己及相关事物的态度（喜欢、讨厌）等。为此，人必须首先及时准确地向对方表达自己的情感，然后，再及时准确地识别对方所表达的情感，才能够在此基础上，分析和判断彼此之间的价值关系，才能做出正确的行为决策。

所谓情感表达，是准确而有效地向他人展示自己的价值关系，以便求得他人的有效合作。人的情感表达的基本模式（即基本表情），根据目标指向的不同，可以分为对物情感、对人情感、对己情感以及对特殊事物的情感四大类。其中，根据事物价值的不同变化方式和变化时态，对物情感可分为 8 种基本模式，即留恋、厌倦（过去时）、满意、失望（过去完成时）、愉快、痛苦（现在时）、企盼和焦虑（将来时）；根据他人价值的不同变化方式、变化时态和利益相关性，对人情感可分为 16 种基本表达模式，即怀念、痛惜、怀恨、轻蔑、佩服、失望、妒忌、庆幸、称心、痛心、嫉妒、快慰、信任、顾虑、顾忌和嘲笑；根据自身价值的不同变化方式、变化时态，对己情感可分为 8 种基本模式，即自豪、惭愧、得意、自责、开心、难堪、自信和自卑。

总之，对于不同的目标指向、不同的价值变化方式、不同的变化时态、不同的利益相关性，人的情感表达的基本模式是不同的。也就是说，人只有在目标指向、变化方式、变化时态、对方的利益相关性等确定下来以后，才能确定人的情感表达的基本模式。

单元总结与思考：

1. 对一个公司热爱，你会不停地去宣传公司的荣誉，而从不会去抱怨，没有人要求你那么做，也不是为了做给谁看，只是一种由心而生的责任。

2. 公司是很难有精力和条件去对每一个员工给予每天的关心和照料的，但一定会对那些在工作当中表现出对工作对事业有深切感情的员工予以时时特别的关注和栽培。

3. 当公司遇到经营困难，正需要所有同仁共渡难关的时候，对公司对事业没有感情的员工一定会最先离开。

第二节　认知情绪

人不可能永远处在好情绪之中，生活中既然有挫折、有烦恼，就会有消极的情绪。一个心理成熟的人，不是没有消极情绪的人，而是善于调节和控制自己情绪的人。而要做到这一点，认知情绪是必不可少的一环。

第一单元　情绪的种类

当一个人受到否定时，会马上陷入一种痛苦状态，立即思索与否定人有关的人或物，往往会把愤怒发在有关的人或物上，这就是情绪。

人在生活中，随时随地都会发生喜怒哀乐等情绪、情感的变化，人的一切活动无不打上情绪的印迹。情绪像是染色剂，使人的生活染上各种各样的色彩；情绪又好似催化剂，使人的活动加速或减速地进行。

有个叫杰克的美国人，家里很有钱。

一天，邻居家丢了一只鸡，就破口大骂，说是叫杰克的人偷去了。家人都非常气愤，杰克却不以为然："随他骂去，又不是我一个人叫杰克。"

又有一邻居，每次下雨，都将积水排放到杰克家中，使杰克家深受脏污潮湿之苦。家人都想报复，杰克急忙劝解家人说："一年之中，能有多少雨天啊，还不是晴天的时候多？"家人一听，就此作罢。

时间一长，邻居们都被杰克的豁达感动了。有一年，一伙盗贼密谋要盗杰克家的财物，邻居们得知消息后，主动帮杰克家守夜防贼，使杰克家免去了这场灾祸。

正是由于善于控制自己的情绪，杰克才赢得了邻居的好感。

我们在做任何决策的过程中，情感分量的比重绝不亚于理性，甚至时不过之。然而有的人却过度强调智商的重要。其实，忽略了情绪，再高的智力也是枉然。在这方面，杰克的做法是值得效仿的。

人需要积极的、快乐的情绪，它是获得幸福与成功的动力，使人充满生机；人也会体验焦虑、痛苦等消极的情绪，它使人心灰意冷，沮丧消沉，若不妥善处理，还可能严重危害身心。各种情绪的发生，时刻都在提醒着人们，人与人之间挑起事端，引起的情绪对立，有着极大的破坏作用。无论发生任何事情，都应该用理智压住情绪，然后用平和的心态去了解自身或他人的处境和状态，以求得良好的结果。

情绪代表着感情反应的过程。那么，我们究竟如何区分不同的情感呢？

近年来，西方情绪心理学中的一派倾向于把情绪分为基本情绪与复合情绪。基本情绪的标准就是：先天预成、不学而能的，并具有分别独立的外显表情、内部体验、生理神经机制和不同的适应功能。按照这个标准，用诱发情绪的因素法，就可得出这些基本情绪，即兴趣、惊奇、痛苦、厌恶、愉快、愤怒、恐惧和悲伤以及害羞、轻蔑和自罪感等，如表2－1所示。

表2－1 基本情绪及身体驱动

基本情绪	身体驱动	感知—认知结构倾向
兴趣、厌恶	饥饿	内、外倾向
愉快、轻蔑	干渴	自谦
惊奇、恐惧	疲劳	活跃
痛苦、害羞	疼痛	沉静
愤怒、内疚	性	多疑

关于复合情绪，美国著名情绪心理学家把复合情绪分为三类：一类为在基本情绪基础上的混合；二类为基本情绪与身体驱动感觉的混合；三类为感

情—认知结构（特质）与基本情绪的混合。依此分类，复合情绪则会有上百种之多。伊扎德关于复合情绪的举例，如表2-2所示。

表2-2 复合情绪举例

基本情绪结合	情绪—驱动结合	情绪—认知结构复合
兴趣—愉快	兴奋—性驱动	自卑—痛苦
痛苦—愤怒	疼痛—恐惧	自卑—痛苦
恐惧—害羞	疲劳—厌恶	沉静—害羞
轻蔑—厌恶—愤怒	性驱动—兴奋—内疚	多疑—恐惧—内疚
恐惧—内疚—痛苦—愤怒	疼痛—恐惧—愤怒	活力—兴趣—愤怒

上列复合情绪有些是可以命名的。例如，愤怒—厌恶—轻蔑的复合可命名为敌意。愤怒是一种"热"情绪，轻蔑和厌恶均为"冷"情绪，它们的结合决定着敌意情绪中攻击性的程度。又如恐惧—内疚—痛苦—愤怒几种情绪的复合是典型的焦虑。其组成中愤怒和痛苦两成分的相对强弱决定着焦虑是兴奋类型或抑制类型。但是即使在表2-2的举例中所列出的复合模式，也难以一一命名。

情绪会对工作效率产生影响，好的情绪能刺激人的正面兴奋神经，从而提高工作效率；而坏的情绪则会引起人负面神经的兴奋，从而使人处于紧张状态，比如震惊、恐惧、愤怒等。这些负面状态，不仅导致工作上的失误，而且会引起身体的不适，甚至引发多种疾病。

所以，情绪控制也是一个人控制自我和调节自我人际关系的能力，工作成功的关键因素，必须引起大家的高度重视。

单元总结与思考：

1. 控制情绪变化的能力，是自我理解和心理领悟力的基础，若没有能力认识自身的真实情绪，就只能任凭这些情绪的摆布。

2. 对自我的情绪把握，决定了人职业生涯的走向，所以我们应该学会掌控自己的情绪。

3. 自我激励，认识自我，管理自我，调控自我情绪，使之适时适地适度。

第二单元 情绪的表达

现代心理学研究表明，一个人的成功 20% 依赖于智力因素，即智商水平的高低，其余 80% 都依赖于非智力因素。其中，非智力因素中最关键的是"情绪智力因素"。

情绪是一种比较低级、简单的情感，它一般与人的生理或物质需要相联系，但也与社会或精神需要相联系；它持续的时间比较短暂，但也有比较持久的；它的外部表现有时特别显著，但也有不甚明显的。

情绪通常以激情、心境和热情三种形式表现出来：

激情是事业的灵魂。工作中没有激情就好比身体失去了灵魂，什么事情也不可能做好。激情是奋斗的动力，带着激情去工作，就会自我加压，激发干劲，产生韧劲，获取动力。激情是创新的源泉，满怀激情，就能激发潜在的创新灵感，迸发创新的火花和冲动，产生创新的思路和举措。激情是困难的克星，带着激情，遇到困难和问题，就会不怕难、不觉难，充满自信，想方设法攻坚克难。相反，缺乏激情，就会缺乏敢想敢闯的精神，缺乏制定目标任务、自加压力的积极性、主动性，缺乏在工作方式方法和具体落实上的创造性，工作就会习惯于按部就班、安于现状，就会缺乏高标准高质量。长此以往，就会使人生的追求和理想化为泡影。对待工作的激情不是心血来潮、兴之所至，而是一种觉悟、追求和境界。

请看下面的例子：

拿破仑发动一场战役只需要两周的准备时间，只用了15天时间就打了6场胜仗，换成别人需要一年甚至更多，这中间所以会有这样的差别，正是因为他那无与伦比的激情。

因为激情，伽利略才举起了他的望远镜，最终让整个世界都为之信服。

也是因为激情，哥伦布才克服了艰难险阻，领略了巴哈马群岛清新的晨曦。

凭借着激情，弥尔顿、莎士比亚才在纸上写下了他们不朽的诗篇。

无数事实证明，一旦缺乏激情，人类不会创造出震撼人心的音乐，不能征服自然界各种强悍的力量，不能用诗歌去打动心灵，不能用无私崇高的奉献去感动这个世界。人如果缺乏激情，你即使有多么美好的愿望，也无法变为现实。

心境也是情绪的表现形式。比如，在烈日炎炎的夏天，国王用金杯盛着琼浆玉液，却食而无味；牧羊人连只水杯也没有，只能用双手捧水解渴，却如饮甘饴。其实，国王和牧羊人的饮水不在于用什么样的杯子，喝什么样的水，而在于他们喝水时的心境。

现实中的生活也是如此。比如，有人辛辛苦苦，每月却只能赚得五六百块钱的收入，而有人月薪却高达五六千元，甚至过万。收入差距的悬殊并不意味着生活质量的天壤之别。高收入有高收入的活法，低收入有低收入的生活方式。生活质量的高低不在于享受了什么，而在于如何享受。

再如，勤劳的打工者虽然只有微薄的收入，却对平凡的工作敝帚自珍；有些人，虽有锦衣玉食，香车宝马，却时常感到生活的空虚和精神的落寞。倒是那些实实在在、简简单单地生活着的打工者身上，人们感受到了生活的真实和真实的生活。

工作也是如此，工作的价值不完全在于做什么、在哪里做，而在于对自身工作的认同感和归属感。不同的岗位有不同岗位的作用，不同职业有不同职业的价值。厚此薄彼或者妄自菲薄都是对工作价值的误解。工作就如同我们在沙漠中苦苦寻觅着的那汪清泉，只要我们像上例中那个又热又渴的牧羊人一样，就一定能从自身拥有中品尝出甘甜和生活的滋味。

这些例子告诉企业管理者：企业需要还给员工一个自由的心境，因为自由的员工能为企业创造更高的质量、产量和信誉，同时也留住更多的员工。

塔·布克是瑞士钟表业的奠基人与开创者，他认为：金字塔的建造者不是被迫劳动的奴隶，而是一些拥有自由身份的人。在塔·布克的日记中有这样一段话："一个钟表匠在不满与愤懑中要想圆满地完成制作钟表的1200道工序，磨锉出一块钟表所需要的254个零件，比登天还难……金字塔这么大的工程，建造得却如此精细，建造者一定是一批怀有虔诚之心的自由人。难以想象，一群有懈怠行为与对抗思想的人，能让金字塔的巨石之间连一根刀片都插不进去。"

事实证明，他的推断是正确的。这也充分表明在过分严格监管的地方很难创造出优秀的东西，因为人的能力只有在身心和谐的情况下才能发挥出最佳水平。

热情是对工作的态度和责任。只有有了对工作的热情，才会把干好工作作为自己的责任和使命，始终保持旺盛的工作斗志。著名发明家爱迪生曾说：热情是能量，没有热情，任何伟大的事情都不能完成，如果一个人不负责任，那他一定不会有大的作为。高昂的工作态度来自于强烈的责任心，责任心能确保一个人尽己所能把工作干到自己满意为止。

热情是一种精神，是一个人把自己所有的能量自觉发挥出来，去完成自己内心渴望的既定目标的行为。伟大人物对使命的热情可以谱写历史，普通人对工作的热情可以改变自己的人生。美国文学家爱默生曾写道："没有热情是干不成大事业的，热情的付出与成功的收获成正比，有志者在追求成功的过程中，总是怀有极大和持久的热情，所以他们能够成功。"诚如斯言！

> **单元总结与思考：**
>
> 1. 找到员工的激励点，提升员工的兴奋点，把握员工的绽放点，找到改善状态的关键点，最后提升士气，改变现状和获取利润。
>
> 2. 企业单位可以赋予员工更大的工作自由与权利，让员工保持良好的心境，它给员工带来的责任感与被信任感比管理者督促的效果更好。
>
> 3. 不论是谁，要想事业获得成功，首要是对事业充满无限的热情，带着热情去工作，效率才会更高。

第三节　影响情绪的因素

人的情绪变化受到多种因素的制约。下面我们讨论常见的影响因素：物理因素、他人因素和自我因素。这是因为，这些因素在企业管理者的管理实践中具有重要意义。

第一单元　物理因素

物理因素对人情绪的影响是不可忽视的。譬如，拥挤的人群常会使人感到紧张、烦躁；灰蒙蒙的天空会使人感到压抑郁闷；荒山秃岭会使人感到一片凄凉，而青山绿水则会使人感到轻松愉快；整洁有序的军营环境则给人一种严肃、清新的感觉。

物理因素，一般就是指所处的环境，对于人而言，不能直接地将人引入积极的情绪状态，它对人的作用更主要的是帮助我们营造良好的心境，这种好的心境是积极情绪发生的必要场所。

现代社会，人们的办公"硬件"水平逐渐提高，同时人们对办公环境的要求也越来越高，办公环境对人工作效率的影响也越来越大。整洁、明亮、舒适的工作环境，能使员工产生积极的情绪并充满活力，工作效率就会提高。

据调查，有60%以上的白领认为，感冒、嗜睡、缺氧等症状是由办公环境引起的。部分办公人员在工作过程中出现过头痛、缺氧、喉干、咳嗽、作呕、眼花等症状。上班族一生中有超过7万小时在办公室中度过，改善办公环境问题已经迫在眉睫，一个良好的办公环境势必会让员工的"战斗力"大大增强。

作为"巨无霸"的互联网公司，谷歌在给全球网民提供优质的网络服务外，给员工更是打造了最佳的办公环境。据相关报道，谷歌在办公室里为员工提供免费的美食、瑜伽课程、健身房、游戏机以及各种各样丰富多彩的娱乐活动，工作氛围也十分人性轻松，绝大多数程序员都不必担心普通公司里的沉闷以及隔阂。习惯了谷歌这样温馨的工作环境，员工们很难舍得离开或跳槽。

现代职场人抱怨压力太大，除了要处理烦琐的工作外，还要处理与上司、同事之间的关系，办公室环境对人工作效率的影响也越来越大。如何改善办公环境成了员工最关心的问题。所以，工作场所和工作设备虽然是企业要给员工提供的最基础的硬件环境，但没有一个良好的工作场所，员工便无法正常开展工作。

有些中小企业刚起步时由于资金条件的限制，无法为员工提供优越的工作场所和良好的设施设备，从而限制了员工工作效率的提高，也束缚了企业的发展。对处于这个阶段的企业，最重要的是从细节入手，改善员工的微环境。比如集中有限的资金购置一些现代化的设备、对核心部门的办公环境进行优化，尽量用有限的资源创造一个温馨、洁净和高效的工作环境。

> **单元总结与思考：**
>
> 1. 关注每一位员工的感受，让他们在身心愉悦的环境下工作是企业的主要职责。
>
> 2. 企业要注意环境作用力的变化，对员工稳定性所造成的影响。如果这种稳定失衡，再好的外部环境条件也将错过；同时，再好的内部条件优势也将耗尽，企业发展受阻是必然的结果。
>
> 3. 员工工作努力、负责，那么企业效益就会得到提升。同样的，如果企业得到发展，给员工提供更好的环境和条件，员工会更加努力工作回报企业，这是一个良性互动。

第二单元　他人因素

如果你今天情绪好，你发现你会影响别人。如果你心态很差，你发现你今天做事很不顺利。为什么不顺利？因为你情绪太差了，会影响别人。

一个令人愉快的工作氛围是高效率工作的一个很重要的影响因素，快乐而尊重的气氛对提高员工工作积极性有着不可忽视的作用。如果每一天都要身处毫无生气、气氛压抑的工作环境之中，那么员工怎么可能会积极地投入工作呢？

影响旅行的不是远方的高山，也不是遥远的路途，而是鞋里的一粒沙子。企业中没有能力又摆不正位置的员工多了，肯定会对企业的工作效率与企业风气产生不良的影响。

在一家企业里，有个员工因为自己是老板的亲戚，总觉得从企业里捞点实惠是应该的，于是尽量多争取收入高、干活少的工作岗位，嘴上说得很漂亮，工作就是没成效。另外，大错不犯，小错不断，自己不但不努力，还满嘴牢骚，抱怨这抱怨那，整天"张家长李家短"的。公司有什么风吹草动的小事，非要打听得清清楚楚，然后津津有味地到处传播，一旦自己负责的事情出了问题，就赖别人，严重影响其他员工的工作态度和工作成效。

由于这个员工的不良影响，亲戚老板也是听之任之，结果公司里整天乌烟瘴气，大家都感到非常压抑。时间一长，有的辞职，有的跳槽，没走的人整日毫无工作热情。最后，这家公司终于倒闭了。

人在生活中无时无刻不受到他人的影响。比如在公共汽车上，你会发现这样一种现象：一个人张大嘴打了个哈欠，他周围会有几个人也忍不住打起了哈欠。有些人不打哈欠是因为他们受暗示性不强。认识自己，心理学上叫"自我知觉"，是个人了解自己的过程。在这个过程中，人更容易受到来自外界信息的暗示，从而出现自我知觉的偏差。

其实，大家就是受别人影响的，看别人这样，然后潜意识里面觉得自己也是这样，做任何事情都会产生意识上的偏差，总是不能正确地认识自己。不能让别人的情绪影响自己，应该做一个受别人暗示性不强的人，意志坚定。

哈里斯是美国著名作家，有一天，他和朋友在街上散步，哈里斯看见一家卖报纸的，于是就买了一份报纸，并且很有礼貌地说一声"谢谢"，没想到的是摊贩并没有给予同样的回报，这个摊贩给了哈里斯一个无所谓的表情。朋友很气愤，觉得这个人为什么这样啊？干吗摆着这么一张脸！心里憋满了气，很为哈里斯不值。

朋友跟哈里斯又走了一段路后，终于忍不住了，问哈里斯："你不觉得刚才那个摊贩的态度很差吗，你不觉得气愤吗？"

哈里斯笑笑说："我每天晚上都是这样的，没有什么啊。"

朋友更惊讶了："他竟然每天对你的态度都是这样差？你为什么还是每次都很有礼貌地跟他说声'谢谢'呢？"

哈里斯笑着对朋友说："我们何必让别人来影响自己的心情呢!"

在这个故事中，如果哈里斯不是这样一个不受他人情绪影响的人，那他每天买完报纸后都会想到摊贩的那张脸，肯定不会有好的心情。可见其实快乐与否都该由自己来决定，我们何必让自己快乐的钥匙掌握在别人的手上。如果只因为对方不友善的回应而使自己生闷气，那是多么的不值得。

情绪是可以控制的，情绪的好坏就看自己控制能力的强弱了。会控制自己情绪的人都已学会了冷静，这样的人看待事物都比较客观，有自己的价值观、有自己的评价标准，不容易被他人左右，这样的人心理素质都是特别好的。在生理学上讲过人要长寿最重要的一点就是要保持一颗平常心，做到不受他人情绪的影响就能保持一颗平常心，你在生活中就能比别人更强一点。

> **单元总结与思考：**
>
> 1. 如果你容易被别人左右情绪，那么你的一切都不会顺利。
>
> 2. 学会调节自己的情绪才能正确判别事物的发展。
>
> 3. 控制好自己的情绪可以帮助你成为生活的强者。

第三单元　自我因素

你无法改变天气，却可以改变心情；你无法控制别人，但可以掌握自己。我们前进的道路是坎坷曲折的，但是道路两旁盛开着五彩芳香的花，我们头顶上洒满了温暖的阳光。我们常常会遇到这样的情况：心里想着要控制情绪，然而失控的动作却总是先到一步。情绪管理往往说起来容易，但做起来很难。

影响情绪最重要的一点是自我因素。相同的情境，如果得出的认识评价不同，就会产生不同的情绪体验。例如，两个同时都想学习开车的战士，结果都没能如愿，对他们来说的确是件不顺心的事。但是，甲战士把这件事当作是对自己的考验（做出良好的认识评价），就会产生积极的情绪体验，并努力克服面前的困难，做好组织上分配的工作。而乙战士则认为自己很倒霉（做出不好的认识评价），就会产生消极的情绪体验，抱怨领导对自己不公平。由此不难看出，一件事情到底是好还是坏，就看你如何认识它、如何评价它，看你做出什么样的选择。

有一个年岁很大的母亲，她平时很不快乐。为什么不快乐？因为她经常忧虑、焦急。她担心她的两个儿子，大儿子是染布的，二儿子是卖伞的。每当下雨天，她就焦虑，下雨了，我大儿子的布怎么晾得干啊？而一到晴天，她就又开始焦虑了，天晴了，我二儿子的伞怎么卖得出去呢？

后来，有一个智者对她说，你为什么不换一种思维呢？天下雨你应该高兴，我二儿子的伞能卖出去了；天晴了你也应该高兴，我大儿子的布能晾干了。这样下雨也高兴，出太阳也高兴，人生不就没有什么忧愁了吗？

美国著名心理学家丹尼尔认为，一个人的成功，只有 20% 是靠 IQ（智商），80% 是凭借 EQ（情商）而获得。而 EQ 管理的理念就是用科学的、人性的态度和技巧来管理人们的情绪，善用情绪带来的正面价值与意义帮助人们成功。

真正健康、有活力的人，是和自己情绪感觉充分在一起的人，不会担心自己一旦情绪失控就影响到生活，因为他们懂得驾驭、协调和管理自己的情绪，让情绪为自己服务。

当你明白自己的情绪不对劲后，你要去认识，哪些责任是自己应该负责却没有做好的，又有哪些责任是外在的原因造成的。比如，你因迟到遭到上司的处罚，心情很沮丧，这时你就应该追问自己："此事是自己的原因还是外部的原因？"如果是属于堵车之类的外部原因，那么不必太在意；如果是自己动作慢，常起晚的原因，那就改变习惯而不是谴责自己。如果因此养成了良好的习惯，那领导的处罚也是值得的。

情绪需要自身调控。心理学家普遍认为：除非人们能改变自己的情绪，否则通常不会改变行为。我们常常逗眼泪汪汪的孩子说"笑一笑呀"，结果孩子勉强地笑了笑之后，跟着就真的开心起来了。情绪改变导致行为改变。心理学家艾克曼的最新实验表明，一个人总是想象自己进入某种情境，感受某种情绪，结果这种情绪十有八九真会到来。一个故意装作愤怒的实验者，由于"角色"的影响，他的心搏率和体温会上升。心理研究的这个新发现，可以帮助我们有效地摆脱坏心情，其办法就是"心临美境"。

利用有意识的动作来改变我们的心情，利用心情来改变我们的行为，这是帮助我们度过生活中困难时刻的有用方法。可见自我因素在调节情绪方面极其重要。

单元总结与思考：

1. 及时意识到自己情绪的变化，当怒上心头时，马上意识到不对，能迅速冷静下来，主动控制自己的情绪，用理智减轻自己的怒气，使情绪保持稳定。

2. 对易激怒自己的事情，要用豁达乐观、幽默大度的态度去应对，经得起挫折，能克己不狭隘。

第四节　情绪的变化

人的心情如天气一般是有阴晴冷暖的，快乐的、忧伤的、满足的、无奈的，许多许多的变化是我们自己无法左右的。生活在这个纷繁复杂的社会，每个人的心情都会随着周围环境的变化而变化，企业中的员工也是如此。所以，如何调整自己，如何把自己的心情保持在最佳状态，这是非常必要的。

第一单元　员工的情绪强度

心理学研究表明，不同唤醒水平的情绪，对手工操作者具有不同的效应。情绪能影响认知操作的效果，其影响效应取决于情绪的性质及强度。中等唤醒水平的愉快和兴趣情绪为认知活动提供最佳的情绪背景。愉快强度与操作效果曲线呈倒"U"形，过低或过度的愉快唤醒均不利于认知操作。对负面情绪来说，痛苦、恐惧的强度与操作效果呈直线相关，情绪强度越大，操作效果越差。

人生中不如意的事情、受挫折的事情是经常发生的。经受过大挫折比如逆境的人，对小挫折就不在意了；从来没有受过挫折的人，稍有不如意就会产生激烈的情绪反应。心理学上有个名词叫"抗挫折力"，也就是一个人对挫折的承受能力。抗挫折力的大小，与人的经历有关，也与人的意识、意志有关。

事实上，一个能够正确对待挫折，意志比较坚强的人，在同样的不如意面前，他的情绪波动相对就比较少，挫折耐力则相对比较高。

美国斯坦福大学的医学家对65～75岁老人进行的一项调查表明：心力强盛的人比心力交瘁的人平均多活4.8岁。所谓"心力强"，主要表现在三个方面：一是为完成某项事业而活，即使已老却仍忘我地工作，不知疲倦，总觉得自己年轻；二是为完成某种责任而活，或为后代求学，或为老伴有依靠等，总觉得自己应该努力地去工作，积攒财富，干什么都觉得有滋味；三是以平静的心态对待疾病，或曰"心理抗争力"强，这种人病后容易康复。

应对逆境的能力可以分解为四个关键因素，即控制、归属、延伸和忍耐。控制就是认清自己改变局面的能力；归属是指承担后果的能力；延伸是对问题大小及其对工作生活其他方面影响的评估；忍耐是指认识到问题的持久性，以及它对你的影响会持续多长时间。

要调整好这四个关键因素，就要对每个问题都进行这样的思考：这个问题导致的今后必然发生的结果是什么？对于这些必然结果，你最有可能改变（即使部分改变）的是哪些？怎样做能防止问题的扩散？有什么迹象表明问题的后果会持续很长时间？我们先来看看下面这个例子。

山里住着一位以砍柴为生的樵夫，在他不断地辛苦建造下，终于完成了一间可以遮风挡雨的房子。有一天，他挑着砍好的木柴到城里交货，当他黄昏回家时，发现他的房子起火了。左邻右舍都前来帮忙救火，但是因为傍晚的风势过大，没有办法将火扑灭，一群人只能静待一旁，眼睁睁地看着炽烈的火焰吞噬了整栋小屋。

当大火终于灭了的时候，只见这位樵夫手里拿了一根棍子，跑进倒塌的屋里不断地翻找着。围观的邻居以为他在翻找藏在屋里的珍贵宝物，所以都好奇地在一旁注视着他的举动。过了半晌，樵夫终于兴奋地叫着："我找到了！我找到了！"邻居纷纷向前一探究竟，才发现樵夫手里捧着的是一片斧头，根本不是什么值钱的宝物。

只见樵夫兴奋地将木棍嵌进斧头里，充满自信地说："只要有这把斧头，我就可以再建造一个更坚固耐用的家。"

生活中不如意的事情有很多，正如俗话说的"不如意事常有八九"，我们一生很少有几次真正感到自己的生活一帆风顺，海阔天空。人生际遇不是个人力量所能左右的，而在诡谲多变、不如意事常有八九的环境中，唯一能使我们迎接挫折而不被其击倒的办法，便是正视它、接受它。

人们的行为常被当时的情绪所支配。当人处在积极、乐观的情绪状态时，倾向于注意事物美好的一面，态度和善，乐于助人，并勇承重担。而消极情绪状态则使人产生悲观意识，失去希望与渴求，也更易产生攻击性。

员工闹情绪，可能涉及的问题比较多。但是，改善员工的情绪并非什么难事。企业应该真正地关心员工，完善企业应有的员工福利制度，完善对于员工心理问题的解决通道管理制度，从物质和精神两方面去关心员工。如果这两方面都做好了，员工情绪应该会平复。但是，这两个方面的工作都是稳定长期的，不能只做一时，要长期坚持。

对于基层的领导，需要让他们更加关心员工，关心员工的工作，技能上是否要提高，是否需要培训，是否要休假，要观察仔细，想到员工的生活工作的各方面。有了这种关心，员工会比较能够体会到，并且能够形成士气，形成战斗力。总之，关心员工多点，就一定会朝好的方向发展。

单元总结与思考：

1. 当人遇到会对自己有危险的事情时，会产生恐惧、担忧、焦虑，而一旦想到解决问题的方法，能够帮助自己增强对事情的"可控制力"时，负面情绪也就会得到缓解。

2. 利用有意识的动作来改变心情，利用心情来改变行为，这是帮助员工度过生活中困难时刻的有用方法。

第二单元　员工的情绪速度

你是不是发现自己的脾气越来越大，经常莫名其妙地发火，或者是一会儿高兴、一会儿失落，这些都是情绪波动大的表现。情绪波动大会一定程度地影响我们的身心健康，因此情绪波动大并不是一件好事。

在工作中，有些人的情绪往往很不稳定，变化特别快：高兴的时候情绪很高涨，感觉一切都很有希望，做什么都有劲；心情不好的时候情绪很低迷，感觉没人在意自己，感觉未来没有希望，总是陷入以前或者现在的痛苦经历中，没有活着的劲头，甚至想去死。

这种不良的情绪对我们正常生活的影响是很大的，如果不能很好地解决它，就势必会陷于一种泥潭之中；而且这种情绪会被强化和传染，如果是强化，那么时间一长，就是病态，而恶劣的情绪传染给家人和同事，便是数不清的争执与矛盾。

在我们的日常生活和工作中，经常可以看到一些喜怒无常的人，翻脸比翻书还快。有的员工也常为一点小事而突然生气，大发脾气。其实生气发脾气是一个人对自己施加的一种酷刑，这种酷刑使自己越来越快地衰老，严重地损害了自己的健康，生气也导致了许多悲剧的发生。

其实，这世上我们很难找出一个没有生过气、发过脾气的人，我们却能极其容易地找到一个为了一点小事而心怀怨气的人。

有一天，一家心理诊所来了一位年轻的小伙子，医生能感觉到他一身怒气，并且他很浮躁，事实证明医生的直觉是对的。他告诉医生，在家里，妻子老是惹他生气，在单位里，同事老是惹他生气……最后他说，他快被气死了。

医生用十分钟静静地听他讲完了他的种种遭遇，然后说："你的实际年龄不到30岁，但是你看起来却有30多岁，而且你的身体状况很糟糕，我说得对吗？"

他很惊讶地点了点头。医生继续对他说："一个人经常生气就会变成这样。事实上，别人并不是有意惹你生气的，而且，你应该试着去宽容别人。"

有些人往往遇到一点不顺心的事便火冒三丈，怒不可遏，结果非但不利于解决问题，反而会伤了感情。与此同时，生气产生的不良情绪还会严重损害身心健康，正如德国学者康德所言："生气是拿别人的错误惩罚自己。"

别让坏情绪控制自己，要学会控制自己的情绪，不要随便发脾气。具体来说，可以从以下四点入手：

一是提高修养。培养宽阔的胸怀，良好的心态，正确的思维方法和提高理性控制的能力。对人要宽容大度，将心比心，不斤斤计较。当遇不平之事时，也应该心平气和，冷静地、不抱成见地让对方明白他的言行之所错，而不应该迅速地做出不恰当的回击。从而剥夺了对方承认错误的机会。

二是意识控制。当愤愤不已的情绪即将爆发时，要用意识控制自己，提醒自己应当保持理性，还可进行自我暗示："别发火，发火会伤身体"，有涵养的人一般能做到控制。

三是情境转移。火气上来的时候，对那些看不惯的人和事往往越看越气，越看越火，此时不妨来个"三十六计走为上策"，迅速离开使你发怒的场合，最好再能和谈得来的朋友一起听听音乐、散散步，你会渐渐地平静下来。

四是承认自我。勇于承认自己爱发脾气，以求得他人帮助。如果周围人经常提醒、监督你，那么你的目标一定会达到。

单元总结与思考：

1. 喜怒无常是由于遇事不够冷静、急于求成、长期放纵自己等原因造成的，如果任其发展则会导致精神失常。

2. 如果有太多的焦虑，以至于达到焦虑症，这种有进化意义的情绪就会起到相反的作用——它会妨碍员工去应对、处理面前的危机，甚至妨碍日常生活。

第三单元　情绪的持续性

工作中，我们不可能时时事事顺心如意。一旦陷入低落的情绪，如果不能及时走出，便会对我们的工作、生活、健康都不利。

周章是一家大型销售企业的部门经理，薪酬优厚，可他却对自己的工作感到越来越厌倦，完全没有以前那种兴致勃勃的感觉。每天早晨一走进办公室。就觉得疲倦，没心思处理手边的文件。

周而复始的工作，令他觉得做一个有创意的计划越来越难，市场推广也停滞不前，更别提销售额了。老板好像也对周章越来越不满意，这更让他消沉气馁，觉得工作起来身心俱疲。

周章的这种状况，是一种在工作的重压之下身心俱疲的状态，也是一种常见的现代职业疾病。所谓现代职业疾病，是指个体无法应付外界超出个人能量和资源的过度要求，而产生的生理、情绪情感、行为等方面的耗竭状态，是一种在工作的重压之下身心俱疲、能量被耗尽的感觉。其生活常态表现为：超时工作、睡眠不足、压力巨大、健康负债，身体上表现为多梦、失眠、不易入睡，经常腰酸背痛、记忆力明显衰退和脾气暴躁等。

如果发现自己在工作中的情绪一直处于低谷，那应该早做准备，走出心理沼泽。下面九条建议是切实可行的，应该积极采纳。

一是确定几件你认为一生中最有价值的事情，然后专心去做。当人处于低潮时，对任何事情都提不起兴趣，总是想着那些伤心的事情。所以，要想摆脱这种情绪，首先应该让自己不要总是去想这些问题，转移注意力。

二是对于某种不能改变的事实，那就全心地接受它。有时候，一些事情是人们无法改变的。既然已经成为事实，不要总想着如何再让它变为虚无，尝试去接受，去面对现实。一个人不可能改变全世界，事物不会因你而改变。我们所能做的，就是适应这个世界。所谓"物竞天择，适者生存"，想让自己开心，首先就要让自己不那么极端，不去钻牛角尖。

三是生活要简单而有情趣。不要总是对现在的生活不满，不要总是和别人去攀比。你的生活，应该有你的精彩。有时候，幸福的生活不是用大把的票子堆起来的。

四是原谅别人就当作原谅自己。宽容是一种美德，是对犯错误的人的救赎，也是对自己心灵的升华。不要总是想着对方如何得罪了你，给你造成了多少损失。想想对方是不是值得要你去如此发火。他是故意的还是无心的？平日待你如何？给对方一个机会，就是给自己一个机会。对于一些人，原谅远远要比惩罚来得有效。也许只是一时的失误，也许只是一闪而过的歪念。人总有犯错误的时候，不要过于苛刻。

五是相信人是可以改变的，若要改变别人，需先试着改变自己。不要总是认为江山易改，本性难移。有时候，只要有信心，人是可以改变的。或许是为了友情，或许是为了爱情，又或许是为了亲情。要用发展的眼光看待他人，尤其是对于相爱的人。也许你无法容忍对方的一些毛病，如果你爱着对方，就给他机会去改变。但是，严格要求对方的同时，也要严格要求自己，对于自己的一些为对方所不能容忍的毛病，一样要加以改正。永远不要严以待人，宽以待己，这样做会让对方伤心、失望。

六是确信任何痛苦和逆境都是有意义的，并且尽量去找出它们的意义。你现在所受到的痛苦，不是毫无意义的。人一辈子会碰上许许多多的痛苦，这是我们无法避免的。痛苦可以让人颓废，也可以激发人的斗志。痛苦磨炼了人的意志，让人们不会轻易地被困难打倒。

七是不要求完美，部分的美也是美。追求完美的人生，是每个人的梦想。但是，这种完美真的存在吗？我们穷尽一生，只是为了追求那完美的一刻，值得吗？每个人都有缺点，每件事都会有不足。看人看事，先看到其美好的一面，如果你认为这个人值得你去付出，我想你一定可以容忍对方的缺点。不要把目光总盯在丑恶的方面，那样你永远找不到快乐，永远不会有好的心情。

八是坚拒那些毁灭的情绪盘踞心头，像愤恨、忧伤、焦虑、内疚、自怜等。人都是有恶念的，也许只是一瞬间的想法，不必为自己有这种恶念而恐慌。人的思想是复杂的，不是只有善念。有时一些恶念，还可以帮助人发泄心中不满。比如被人欺负，你可以幻想自己把他痛扁一顿等。这都是可以的，关键是要能控制住自己的恶念，让它不去左右自己的行为。所以恶念不可怕，只要运用得当，反可以帮人疏导压力。

九是对原来引起你某种不良情绪的刺激，试作不同的解释。有时候对一件事，因时间的改变会有不同，也许当时对你来说是很痛苦的一件事，过一段时间之后，你也许会有另一番见地。尝试从不同的角度看问题，你会发现，痛苦并不像你想象的那样真实。

总之，人总会有心情低落的时候，不管是因为工作，还是因为生活，或是其他的因素，让你痛苦，让你找不到人生的乐趣。首先，不要放弃对美好事物的渴望，有希望才会有动力。其次，如果你真心想摆脱目前的困境，那首先要敢于面对困难，一味逃避，只会让自己痛苦之路更加漫长。

单元总结与思考：

1. 在工作中，我们要正确认识消极情绪产生的不良影响，学会换个角度看问题，运用正确的方法调节自己的情绪，才能真正快乐地工作。

2. 情绪就只是情绪而已，它并不是自己。不要将情绪当成自己，不要再紧紧抓住它不放。

第三章　迎难而上——压力管理

第一节　职场压力概述

每个人都会有压力——特别是在竞争日趋激烈的今天，员工当然也不例外。当员工碰到不顺心的事情，或者对工作一筹莫展的时候，就会产生压力。适当的压力可以使员工产生工作的动力，但过大的压力可能会让员工精神颓废，无所适从。

第一单元　压力的产生与特点

从心理学的角度讲，压力是指员工个体在环境中受到种种刺激因素的影响而产生的一种紧张情绪。这种情绪会正向或负向地影响到员工的行为，当压力出现时，人会本能地调动身体内部的潜力来应付各种刺激因素，这时会出现一系列的生理和心理变化。

员工压力的起因也叫压力源。压力源从内容上可分为生理压力源和心理压力源，从形式上可分为工作压力源和生活压力源。

生理压力源是指由于身体状态的变化，对员工个体引起的压力。生理压力源包括疾病、疲倦、营养等。

许多事物由于不同的个体产生不同的心理活动，因而产生的压力也会程度不一。几乎每种事物都可能称为心理压力源。从大的方面讲，生气、后悔、自卑感、不信任感及挫折感都是心理压力源。

工作压力源的表现形式很多，因为工作中的每一件事都有可能成为压力源。工作压力源常见的表现形式有四种，如表 3-1 所示。

表 3-1　工作压力源表现形式

形　式	内　容
工作负担	这里主要是工作超载和时间压力的问题。如果员工被要求在不充足的时间内完成过多的任务量，就会导致压力产生
角色冲突	面对不合理的工作要求，很多员工即使施展浑身解数也无法使得上司满意，这就会产生角色冲突。不合理的工作要求会使员工心灰意冷、毫无斗志、得过且过或者干脆另谋高就
角色模糊	没有明确向员工提出工作要求，员工就不能对自己的工作和责任有一个清晰的了解，这会使得员工在工作上带有一定的被动性，不利于员工发挥积极性，也会使员工产生不安和困惑
人际关系	公司内部的勾心斗角与恶性竞争会导致关系疏远、误会产生，甚至会产生恶性的冲突，不但不利于个体的发展，对于整个组织的发展也是有害的

生活压力源是指生活中的每一件事情都可能会成为压力源。根据力学的一项研究表明，丧偶、离婚、分居、亲友去世等都是一些重大的生活压力源。

以下现象是员工压力信号的一些表现和特点，如表 3-2 所示。

表 3-2　员工压力信号的表现和特点

压力信号	表现和特点
员工工作失去动力	比如对工作安排有消极抵制情绪，对公司的发展漠不关心等
工作质量下降	比如产量或者生产效率减少；生产中损耗量和错误率增加，决策拖沓等

续表

压力信号	表现和特点
高旷工率	比如缺席增加，特别是频繁的、短的缺席增加。当人感到压力的时候，第一反应是逃避和厌恶，所以如果企业给予员工太大的压力，员工一般都会采取消极的方式来躲避工作以缓解压力
员工流动性大	由于企业让员工承受不适当的压力，使得员工在沉闷、压抑的环境中工作，很容易产生离职的念头
员工之间关系恶劣	比如同事之间的关系紧张，有冲突；同顾客关系很差，违纪问题增加等

面对员工的工作压力，企业管理者在进行管理的过程中，首先要依据员工的态度和行为所释放的压力信号来考察员工的工作压力程度，从而采取相应措施。

一名有20年资历的广告公司员工，曾经对人讲述自己的经历：

我为数名魔鬼经理打工，我找不到其他词来形容他们。我曾辞掉一份高薪的工作，因为我的顶头上司太过分了。住在外地的父亲突发严重心脏病，我不得不停止手头所有工作，飞去和母亲、姐姐一起照顾他。经理不断来电话，催问我多久回去。后来他居然把工作快递到我手里——医院，这太过分了！我把工作原样送回，狠狠地写上"我辞职"几个大字。

后来，我找到一份新的工作，对新上司一点也不了解。我刚工作了一年，突然，我母亲又得了重病。我想：糟了，祸不单行！然而，事实证明我错了。我一告诉经理，他就要我坐第一班飞机回家，费用由公司报销。他劝我放宽心，做一切该做的事，工作等回来再说。那是5年前的时候，我曾一度认为，"管理者"没有好东西，是他让我改变了这个看法。

很明显的一点是，企业所依靠的是有能力的员工，而这些员工往往不会因为所谓的物质条件优越性而忠于企业，而来自上司真诚的关怀能在一定程度上提高员工的敬业度。

不少企业认为，如果员工的工作效率不高，至少远远达不到期望的要求，就把他们解雇掉。这种做法明显是有问题的，如果不深入了解员工效率低下的原因，坏情况将继续困扰企业。一般说来，工作负担、角色冲突和模糊这些压力源是由于管理者的不善管理而导致的。所以，企业除了要对员工进行绩效追踪，更要对管理者进行相关的评估。

良好的关系有助于提高生产效率，通过良好的关系，企业管理者就能对员工提出明确的要求和激励。关系不好，就会频繁发生误会。

> **单元总结与思考：**
>
> 1. 压力，为员工创造了值得思考琢磨的机会，使人尽快成熟起来。
>
> 2. 承受磨难、挫折，去承受工作中的一切压力，能使成大事者在思想感情上受到多方撞击，从中感悟人生的真谛，自觉把握人生的方向。
>
> 3. 正确认知压力，灵活调整自己的心态。

第二单元 压力的辩证法则

工作压力已经成为全球性的热点问题。据美国的一项统计显示，46%的美国工人认为他们的工作压力很大，34%的美国人因压力过重而准备跳槽。可见压力不仅严重削弱员工的工作能力，而且危害员工的身心健康。有关专家指出，50%～70%的身体疾病都与压力有关。

在工作中保持适度的压力是非常重要的，这要求管理者能够体察到员工工作压力的状况，并积极地采取相应的措施。

挪威人爱吃沙丁鱼，尤其是活鱼。挪威人在海上捕到沙丁鱼后，如果能让它活着抵港，卖价就会比死鱼高好几倍。但是，由于沙丁鱼生性懒惰，不爱运动，返航的路途又很长，因此捕捞到的沙丁鱼往往一回到码头就死很多，即使有些活的，也是奄奄一息。只有一位渔民的沙丁鱼总是活的，而且很生猛，所以他赚的钱也比别人的多。这位渔民严守成功秘密，直到他死后，人们在打开他的鱼槽时才发现，里面只不过是多了一条鲶鱼。

原来，鲶鱼喜欢以沙丁鱼为食，装入鱼槽后，由于环境陌生，就会四处游动；而沙丁鱼发现这一异己分子后，也会紧张起来，加速游动。如此一来，沙丁鱼便活着回到港口。

这就是所谓的"鲶鱼效应"。运用这一效应，通过某些个体的"中途介入"，会对群体起到竞争作用。"鲶鱼效应"符合人才管理的运行机制。

值得注意的是，"鲶鱼效应"有正负之分，工作压力管理中的"鲶鱼"也存在良性和劣性。基于"工作压力—绩效关系适度理论"，应对带来工作压力的"鲶鱼"采取保护策略，以确保引入的"鲶鱼"能够激活压力并充分发挥"鲶鱼正效应"。对于那些在能力上刚刚能满足团队要求的员工来说，"鲶鱼"的进入，将使他们面对更大的压力，稍有不慎，就有可能被清出团队。为了继续留在团队里面，他们也不得不比其他人更用功、更努力。可见，在适当的时候引入一条"鲶鱼"，可以在很大程度上刺激团队战斗力的重新爆发。

"鲶鱼效应"一直为很多企业所推崇，但这种引进外部力量刺激内部成员的做法也存在一定的弊端。

首先，从企业这个大团队来讲，从外部引进的人才，其职位都不会太低，他们更多的是我们常说的"空降兵"，这些人一到公司，就被委以重任，具体负责某一块的具体业务。关于"空降兵"的优势与劣势在此姑且不谈，我们只需要认识到，"空降兵"的到来，在一定程度上阻碍了原有成员晋升的机会，从而扼杀了某些原本就非常努力的员工的奋斗激情。对一些人来说，他们奋斗的目的就是为了晋升，为了更高的职位，为了更大的发展空间，这种目的完全是无可非议的。一旦他们发现自己失去了上升的空间，要么就会选择离开，要么就选择消极对待。如此一来，企业这个大团队的战斗力就被削弱得更厉害了。

其次，对公司内部的一个小团队来讲，既然是为了刺激团队的活力，所引进的"鲶鱼"在能力上就不会很弱。如果团队负责人再把握不住"度"，总是故意地把兴趣放到"鲶鱼"即新人身上，势必会引起原有成员的不满；要是这种不满使原有成员变得更加消极，则引进"鲶鱼"刺激团队活力的结果就适得其反了。

最后，无论是"大团队"还是"小团队"，引进的"鲶鱼"能否和原有成员形成优势互补，是否具有合作观念，都会影响团队以后的战斗力发挥。一旦引入的"鲶鱼"个人主义观念浓厚，单打独斗的行为明显，那么他不但不会产生"鲶鱼正效应"，还会把团队仅存的一点战斗力给破坏掉。

因此，"鲶鱼效应"可能提升一个团队的战斗力，但也可能毁掉团队的战斗力。是否要采取"鲶鱼效应"来刺激团队战斗力的爆发，还需要团队领袖对实际情况进行具体分析和决策。

作为企业领导，必须知道适度的压力对员工产生的刺激，可以使员工处于兴奋状态，增强进行某种活动的动机。在工作中，对员工保持适当的工作压力，可以使员工的工作更具有成效，并且员工本身也可以在工作中得到满足感、成就感等自我实现的感觉。当然，如果压力过大，员工经常无法完成自己的工作，员工的兴奋感会逐渐消失，随之而来的是挫折感和失败感，从而使工作效率低下，并对员工个人的心理产生消极的影响。所以，对于员工压力，必须慎重对待。

> **单元总结与思考：**
>
> 1. 压力之下能产生重大成就，没有压力会使人安于现状，不思进取。
>
> 2. 压力能够使人生发出超常的毅力。逆境给人宝贵的磨炼机会。

第二节　压力变动力

职场中，怎样将压力变为动力？压力虽无法避免，但我们可以通过管理，让员工学会"放下"。如何管理呢？这就是负效应的管理和正效应的管理。

第一单元　负效应的管理

过度的工作压力会导致员工出现一系列负面的生理、心理和行为症状，严重影响员工的能力发挥、职业发展和生活质量。对组织而言，员工的工作压力会导致组织的缺勤率、离职率、事故率增加，工作中人际关系恶化，同时增加组织的招聘、培训等人力资源管理成本，降低组织的协作能力等。

赵军大学毕业后，在县中学教书，担任高三年级班主任。每天周而复始地与高三学生一起出早操，直到学生晚上就寝，一天的工作才结束。或许是来自生活、工作、经济等各方面压力，不到30岁的他选择在办公室服毒自杀。

赵军在遗书中写道："活着实在太累了，天天这样无休止的上班让人窒息，所领的工资只能'月光'。我决定以这样的方式离开这里，我并不恨这个地方，毕竟是我自己选择来到了这里。现在唯一放不下的就是我儿子以后怎么生活，仅希望学校能帮我照顾一下他们母子。"

压力产生的原因是多方面的，同时它又具有主观性、评价性和活动性的特点。对此，企业在进行压力负效应管理时应注意以下几点，如表3－3所示。

表 3-3　进行压力管理的方式及实施要点

管理方式	实施要点
适度管理	就是说不能不顾企业的经济效益而一味地减轻员工压力。企业要在激烈的市场竞争中站稳脚跟，并图发展，就不能不要求员工努力工作，不断创新，不断向自己的极限挑战
具体原则	由于压力在很大程度上是一个主观感觉，因此在进行压力管理时要区别不同的对象采取不同的策略。比如员工在学历、年龄、性别、性格等方面的区别
岗位管理	企业中不同部门、不同岗位的员工面临的工作压力影响程度不同。一般来讲岗位级别越高，岗位责任越大，所承受的压力就越大；岗位的创新性越强，独立性越高，变数越多，承受的压力就越大；员工履行岗位职责失败后造成的后果越严重，造成后果的责任越明确，所承受的压力就越大。比如销售人员的压力一般比生产人员要大，因为生产人员面对的更多是自己可控的因素，而销售人员就不一样，销售业绩的好坏不仅取决于自己努力的程度，还与客户、市场大环境、竞争对手有关
引导管理	由于压力的产生是必须的和不可避免的，对于员工来讲有些外部因素是不可控的，比如面对强大的竞争对手时，为了企业的利益和生存，必须战胜对手，这时变压力为动力，引导压力向积极的一方面发展就显得很重要
区别管理	在消除压力来源时，应区别对待。例如小何和小李的情况就应当区别处理

在别人看来，小何拿着稳定的薪水，干着一个不累人的好差事，可小何形容自己的工作是一潭死水。

四年前，小何大学刚毕业就考入政府某机关，主要负责处理文件写材料。小何最初很庆幸，但随着工作的新鲜劲慢慢消失殆尽，她发现自己越来越懒了——懒得工作、懒得说话，甚至也懒得再翻一下书架上曾经很喜欢的各类名著。"每天都是例行公事，处理文件、写材料，有些材料甚至要改七八遍，要求零差错，工作压得人喘不过气来，而有些事情却一点效益也没有，"小何说。每天早晨去上班时她都感到很痛苦，可是要真正放弃这份工作却又舍不得。

这是进入"职业倦怠期"的典型表现，需要调整好心态，找到产生倦怠的原因。可通过调整职业目标、申请调整职位，或者转变工作环境等方式来改变职业倦怠的状况。这是属于来自工作本身的压力，可通过提高员工自身的工作能力和心理承受能力来解决。

还有些压力的来源完全是可以避免的，比如由于员工之间不团结，人际关系复杂造成的工作压力；或者由于岗位职责不清，分工不合理所造成的压力。

"为什么每次都是让我顶班，难道就因为我太顺从了？"会议上，当部门领导宣布让小李代替请假的小王顶班时，一股无名之火不觉涌上小李心头，可不知怎么的，她还是强忍着接下了任务。

小李所在的是一家教育培训机构，工作性质决定必须有人值晚班。刚开始，碰到有出差、请假的，小李会主动要求帮忙顶班，可这样的次数多了，大家竟习以为常，很多跑腿的事也推给她干。这个月小李要值10个晚班。"工作累点没关系，我就是恨这种不公平的安排。可要去跟领导讲明吗？自己是不是又显得太小气了？以后还是这样？我又该怎么办？"小李对于这样的工作倍感压力，陷入了苦恼之中。

小李的情况都是源于企业给予员工的压力不适当，使员工对自己的工作不满意，进而表现出来的一些现象。对于小李这样的压力，企业应该及时发现并沟通。与她开诚布公地谈一谈，鼓励她说出自己的想法，进行有效调整。

生活中的压力无处不在，随着"铁饭碗"在职场淡出，有的企业裁员减员，人员过剩导致人人自危，压力随着安全感的消减而越来越大。这些问题较严重时，管理者就要思考这是不是由于工作压力太大所导致的。如果是，就应该找出问题的所在，并采取相应的措施。

单元总结与思考：

1. 面对苦难和不幸，有人奋力抗争，成为了强者、智者和英雄；有人则被压垮，成为了失败者。

2. 做一个有心人，抛去旧压力，迎接新压力，并克服解决，创造奇迹。

3. 减少自己所关注的琐事数量，别给自己增添无谓的压力，对自己无法控制的事情就由它去。

第二单元　正效应的管理

人生在世，适当地背负一些压力，既能锻炼个人的能力，也能促进社会的发展和进步。压力，就像我们平时训练时的杠铃。每天都压压杠铃，才有足够的力量奔跑和跳跃。可见任何事情都有其双面性，能把压力化为动力的人，是智慧的人。

有一位经验丰富的老船长，当他的货轮卸货后在浩瀚的大海上返航时，突然遭遇到了可怕的风暴。水手们惊慌失措，老船长果断地命令水手们立刻打开货舱，往里面灌水。"船长是不是疯了，往船舱里灌水只会增加船的压力，使船下沉，这不是自寻死路吗？"一个年轻的水手嘟囔。

看着船长严厉的脸色，水手们还是照做了。随着货舱里的水位越升越高，随着船一寸一寸地下沉，依旧猛烈的狂风巨浪对船的威胁却一点一点地减少，货轮渐渐平稳了。

船长望着松了一口气的水手们说："百万吨的巨轮很少有被打翻的，被打翻的常常是根基轻的小船。船在负重的时候，是最安全的；空船时，则是最危险的。"

这个案例中的老船长运用的方法，可以称之为"压力正效应"。那些得过且过，没有一点压力，做一天和尚撞一天钟的人，就像风暴中没有载货的船，往往一场人生的狂风巨浪便会把他们打翻。

其实，我们每个人都会有这样的体会，一个人饭后散步时可以背起手来，闲情漫步；如果让他挑上百斤重担，便会立刻小跑起来。这是为什么呢？是压力产生了动力。

工作的本身并无绝对的压力可言，压力的真正原因是一个人对问题的态度。只要你能够放开胸怀去面对，压力不但能化解于无形，更能成为成就你的动力。

美国当代著名作家海伦·凯勒在1岁多的时候因为生病，从此眼睛看不见东西，并且又聋又哑。由于这个原因，海伦的脾气变得非常暴躁，动不动就发脾气摔东西。她家里人看这样下去不是办法，便替她请来一位很有耐心的家庭教师沙利文小姐。海伦在她的熏陶和教育下，逐渐改变了。她利用她仅有的触觉、味觉和嗅觉来认识四周的环境，努力充实自己，后来更进一步学习写作。几年以后，当她的第一本著作《我的一生》出版时，立刻轰动了全美国。

海伦·凯勒在轰动世界的代表作《假如给我三天光明》一文中，更是表达出了惊人坚强、乐观和向上的精神，而这一切都该归功于她对生活的认识。当把失明仅仅当作一种压力的时候，她痛苦惆怅，所以不能真正面对生活；当她把压力化作动力的时候，生活就选择了她。

海伦·凯勒的故事证明，人正是因为有了压力，才更加有紧迫感、危机感和使命感，更加清晰自己的目标，更加明确自己的定位，更加清楚自己的差距。于是化压力为动力，向着更高更美的人生理想挺进，绚烂生命的光彩，放大人生的价值。这样的生命将是充满活力的，这样的生活将是精力充沛的，这样的人生将是无怨无悔的。人若有了这种思想与心理准备，在任何压力面前将不再望洋兴叹，将不再束手无策，将不再怨天尤人，将不再望而却步。

而是直面人生，直面困难，直面无常，抱定决心，鼓足勇气。"背水一战"、"置之死地而后生"、"破釜沉舟"等，应该是海伦·凯勒这样的人永远的座右铭，他们永不气馁，永不低头，永不退缩，永不言败！

人活在世上，虽然无法逃避生活和工作中的种种压力，但是人有办法战胜它。战胜它的最佳办法就是：先放"心"面对，再用"心"解决。那些勇于面对压力、善于把压力化为动力的人，他们的人生异常丰满。他们是乐观旷达、积极向上，能够充分体会到生命意义的人。

> **单元总结与思考：**
>
> 1. 改变可以改变的，接受不能改变的。
>
> 2. 要意识到一些压力是有益处的，它能提供行为的动机。例如，如果没有来自支付生活费用的压力，有些人是不会工作的。

第三单元　缓解职场压力的方法与策略

员工的压力可能来自工作，也可能来自生活，但它们都会影响到员工的工作。如果员工的压力大于他的心理承受能力，则会对工作带来负面的影响。因此，缓解员工压力是员工压力管理的核心内容。人力资源部门或公司管理者有责任帮助员工去控制自己的压力，从而使员工能够更好地工作和生活。

缓解职场压力大体上可以分为宣泄、咨询及引导三种方式。

宣泄是一种发泄，即通过某种途径把自己的压力排解出去。宣泄的途径很多，对于性格外向的员工可能会找个地方高声大叫，或借助某个机会与他人产生冲突等；对于性格内向的员工可能会把心中的不快写在纸上，寄给远方的朋友。

日本有一家企业专门设置了一间"宣泄室"，在宣泄室中放着一些玻璃器皿和木偶。玻璃器皿都是易于摔打的，专供员工发泄使用；木偶的外形甚至是企业管理者的样子，供员工选择发泄；更妙的是，在宣泄室的出口有一个记录本，宣泄后的员工可以把自己对企业的意见写到记录本上，供该企业管理者参考。

宣泄是一件私人的事情，企业的管理者往往感觉爱莫能助，其实有些管理优秀的企业在这方面做得还是很好的。这家日本企业专门设置"宣泄室"就是很有启示意义的做法。

咨询是最常见的一种压力控制方式。每个人几乎都有咨询或被咨询的经历。当人们由于压力闷闷不乐时，一般都会主动找自己的好友或父母进行倾诉，并且征求对方的意见。有时，倾诉本身就可以达到控制压力的目的。

比较专业的咨询方式是心理咨询。心理咨询就是指专业的心理咨询人员通过语言、文字等媒介与咨询对象进行信息沟通，以矫正咨询对象心理偏差的一个过程。作为企业的员工管理人员，也应该学习一些咨询的专业知识，能够为员工提供简单的咨询服务。

通过引导也可以达到减轻压力的目的。比如纠正员工的发展目标，培养员工的兴趣爱好等都属于引导的内容。

有些员工年轻气盛、好高骛远，给自己制订了非常远大和宏伟的发展目标。但现实毕竟是现实，目标越高很可能挫折越大。所以帮助员工根据自己的自身条件，树立适当的目标是非常重要的。比如公司可以举办一些职业发展指导活动，大家共同来讨论如何提高和发展。

性格内向的员工，有时会孤注一掷，陷入郁闷的泥潭不能自拔。对这样的员工，管理人员就应举办一些娱乐活动来转移注意力，并且培养员工的兴趣爱好，从而缓解压力。

依据压力产生的原因，管理者可从以下方面入手进行压力管理，缓解职场压力：

一是改善工作环境。管理者应致力于创造宜人宽松的工作环境，比如适宜的温度，适当的照明及合理的生产办公布局等，有利于员工减轻疲劳，更加舒心、高效地工作。

二是注意员工的工作量和设置合理的时间安排。企业应保证员工有足够的时间用于在外娱乐，假日安排不会被打断。如果工作所占员工合理的个人时间超过一定的比例，是不利于工作的。

三是采取灵活的管理模式。管理者应根据员工的不同情况，比如员工的能力、对工作的熟知程度、个性等进行不同模式的管理。

四是创造合作上进的公司文化。首先，要增强员工间相互合作和支持的意识。当面临严酷激烈的市场竞争或者一项艰巨的任务时，因为人们作为一个团体彼此支持、共渡难关，士气就会比预期的要高涨。其次，要增强上下级间的沟通。因为不适当的压力总会产生，关键是及时地发现并消除。可以采取面谈、讨论会或者设立建议箱等形式。国外企业常采用一种叫做"部落会议"的形式，每个人都有平等的发言权和平等的地位，会上鼓励每个人发言，轮到谁发言时，其他人必须坐下来听，从而使员工有更多的主人感和责任感，减少了交流的障碍，大家更愿意提出问题，说出他们的想法和所关心的事情。

五是进行工作再设计。工作再设计是指为了有效地达到组织的目标，合理有效地处理人与岗位的关系，采取与满足工作者个人需要有关的工作内容、工作职能和人与人工作关系的设计。好的工作设计能够减少工作的单调重复性，职责模糊所造成的不良效应。好的工作设计还使得工作具有一定的挑战性和刺激性，同时还调整了工作中的人事关系。最终提高了员工的工作兴趣和满意度，减少其退缩行为。经过重新设计的工作，会使员工感到身心愉快，有助于消除他们的工作疲劳感，提高其对环境的良性适应。因此，许多工作在设计时就应充分考虑产生不当压力的可能性。需要指出的是，工作再设计时还要考虑到个体的差异性，只有在人和工作匹配时，工作压力才能得到真正的调节。

六是努力创造条件帮助员工完成工作。企业应对员工进行提高工作能力的培训，比如在引进新技术和新的管理模式之前对员工进行相关培训。对员工提供工作技巧的培训，比如提供谈判和交流技巧的训练，包括两性间的交流，如何克服感情冲动，学习实践并注重解决实际问题的原则等，这些都有利于员工克服工作中的困难。另外，从硬件和软件上，比如所需设备、资料、相关制度上要对员工的工作进行支持，而不能不顾实际情况做出不合理的要求。

七是有效疏导压力。企业组织应充分认识到员工有压力、有不满是十分正常的现象。因此，组织有责任帮助他们调节情绪。员工只有将不满的情绪发泄出来，心理才能得以平衡，情绪才能达到平稳。因此，组织管理者应该开发多种发泄渠道。比如在日本，一些公司就设置了"情绪发泄室"以帮助员工改善和培养积极的情绪，从而有效地改善了员工的一些压力症状。企业还可以开展心理咨询活动，帮助员工更好地适应环境，保持身心健康，提高工作业绩和生活质量。

八是针对特殊员工采取特殊措施。比如，可以为双员工提供帮助，使夫妻成为处理工作和家务的有效合作者。因为夫妻间的交流有助于增强满足感，明确长期的事业目标，使他们为达到共同的目标而一起制订行动计划，让工作得到家庭的支持。又比如企业应对常出差的员工给予更多的关注。因为他们与家庭可能有更多的冲突，面临着更加复杂多变的工作环境，因此承担着更大压力。

单元总结与思考：

1. 人不能期望太高，但一定要有计划的期望。学会满足是对压力释放最好的添加剂。

2. 将压力控制在适当的范围内，让它既能促进我们的工作、学习和生活，又不会影响我们的身心健康。

3. 始终以阳光的心态、健康的心理，去化解一个个压力，恢复我们内心神圣的自由与平静，将压力变为动力。

第四章 心定则明——心理管理

第一节 心智模式

在一个人及团队的成长过程中，我们的心智模式不仅决定我们如何认知周围的一切，也影响我们所采取的行动，从而严重影响我们快乐与成功与否。一个人的成败，成就的大小，财富多少，都是由心智模式决定的。

第一单元 认知心智模式

心智模式，又叫心智模型，是指深植于我们心中的关于我们自己、别人、组织及周围世界每个层面的假设、形象和故事，并深受习惯思维、定势思维、已有知识的局限。

其实，心智模式是一种思维定势，影响我们如何了解这个世界，如何采取行动的许多假设、成见，甚至图像、心智模式印象，是对于周围世界如何运作的既有认知。当我们的心智模式与认知事物发展的情况相符时，就能有效地指导行动；反之，当我们的心智模式与认知事物发展的情况不相符时，就会使自己好的构想无法实现。所以，我们要保留心智模式科学的部分，完善不科学的部分，取得好的成果。

孔子和他的弟子们周游到陈国和蔡国之间的时候，穷困不堪，断粮七日，连野菜也吃不上，只好在大白天睡觉。孔子的弟子颜回讨来一点米，把它放在锅里煮。饭快熟了，孔子看见颜回抓锅里的饭吃。

过了一会，饭熟了，颜回请孔子吃饭。这时，孔子装着什么也没看见的样子说："刚才我梦见祖先，要我把最干净的饭食送给他们。"

颜回连忙说："不行，刚才有灰尘掉进锅里了，把饭弄脏了一些，我感到丢掉了可惜，就用手把它抓起来吃了。"

孔子听了感慨地说："我所相信的是自己的眼睛，但眼睛看到的还是不可相信；我所依靠的是自己的脑子，但脑子有时也靠不住。你们要记住，了解一个人确实不容易啊！"

孔子从自己的"误判"中得到启示，立刻进行反省并及时以此来与自己的学生进行沟通交流，这是教育者的感悟与反思，是教育者的自觉。由此可见，没有感悟，不善于进行自我反思、自我批判和自我完善，不能从自身做起实践教育的理想，没有教育的自觉和理性，也许就不会有优质的教育。

孔子的这个故事给我们的启示是：要真正识别一个人、正确判断一件事，都是很不容易的，不能轻易地把自己的"亲眼所见"或"亲耳所闻"作为结论。应该时时刻刻注意超越自己的心智模式，以至于不做出错误的判断或结论。

对事物、对事件、对人的判断，都可能出现偏差甚至完全错误，所以判断主体只有善于反思，善于从多角度观察分析，注意印证自己的观察，不轻易地做出结论，才能避免误判现象的发生。图4－1是国外心理学家绘制的心智模式作用机理示意图，或许能给我们更直观的启示。

通过心智模式作用机理示意图我们可以看到，心智模式是引导我们心灵的地图，是我们的想法、行为以及其他层面的根源。因为每个人的心智模式与成长环境密切相关，所以每个人的心智模式也不相同。一个人的心智模式

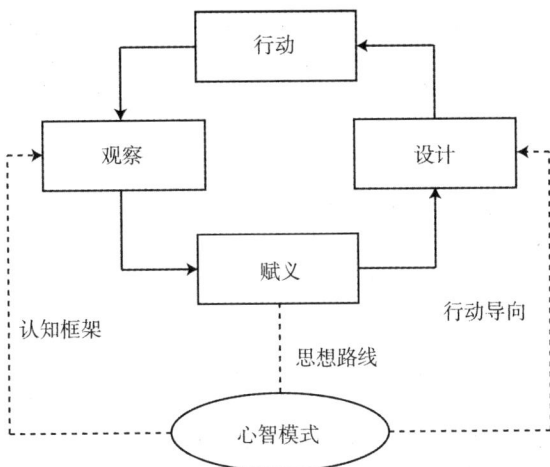

图4-1 心智模式作用机理

好，说明他心中的图像清晰、准确，因此认识客观事物就正确，他就容易成功，反之就可能失败。因为我们一直未觉察自己的心智模式，所以这些模式一直未受到检视。因为未受到检视，这些模式也就一直没有改变。但是，世界却在改变。这就是很多人的职业生涯问题的深层根源。

心智模式像一面透镜，将来自外部的真实信息放大、缩小、过滤甚至歪曲，形成了人们对世界的认识。所见即所想，心智模式决定着人们的所思所想。因此，要改变一个人的内心世界，首先必须改进他的心智模式。比如，以超乎寻常的方式看待世界的能力能够创造重大机遇，这一点已经在美国西南航空、联邦快递等著名公司得到证明。但如果成功的模式制约了你认识不断变化的世界的能力，那么它最终也会变成一个禁锢你思想的"监狱"。人们应避免被过时的心智模式所劫持，而要使之不断得到改进。

有一位患有神经质的病人，总是怀疑他的肚子里有一只猫在做窝，导致寝食难安。心理医师与精神科医生百般的治疗、辅导，始终无法消除他心里的疑虑。后来医师们商量，只得做一次象征性的手术。

手术后，当病人从麻醉中幽幽醒来，医师手抱着一只猫，告诉病人：

"你肚子里的猫我已经为你取出来了，以后你就不必再担心了！"岂知病人听后，看看医生，又再看看那只猫，满脸愁容地说："医师啊！我肚子里的猫是白猫，不是这一只黑猫啊！"

心智模式可以影响我们如何看待事物，可以影响我们的认知方法。良好的心智模式、积极的人生心态，可以帮助我们战胜自卑和恐惧，可以帮助我们克服惰性，可以发掘自己的潜能，使我们工作得更有成效。

单元总结与思考：

1. 在低等、固定、僵硬的心智模式里，人会变得无力、悲惨，比完整的人逊色。

2. 在一个更高层次、广阔、丰饶的认知世界里，就会发现自己就是整个宇宙，你的内心会越变越强大，而且是真正有根有基的强大，不是自负。

第二单元　心智模式的形成规律和特点

我们的心智模式决定了我们能看到什么世界，更加有趣的是，这个自建的"真实世界"，又反过来印证这个模式给我们看。《周易》中说："仁者见仁而得仁，智者见智而得智。"根据以上的结论，《周易》中的这句话可以升级一下——我们认为葡萄是酸的，葡萄果然就是酸的；父母觉得孩子实在不怎么样，孩子果然坏得超乎父母想象；你觉得"男人没有一个好东西"，那么你就能遇到一系列的流着坏水的男人，如此等等。

有这样一个女人，她总觉得丈夫有外遇，于是，就在心里构建了一个老公出轨的模型，而且越想这事儿，心里的模型就越清晰，便天天对老公"一跟二查三套话"。

　　半年下来，她的老公终于想通了：原来，出不出轨，成本是一样的！反正家也不"家"了，还不如找一个！

　　女人的预言果然灵验了。

　　这个案例也许会让你想起"吸引力法则"或者"梦想成真"的心理法则之类的说法。的确，心智模式是关于这类说法至今最好的心理学解释。同时也可以看出，心智模式的形成是先由信息刺激，然后经由个人运用或观察得到进一步的信息回馈，若自己主观认为是好的回馈，就会保留下来成为心智模式，不好的回馈就会放弃。心智模式不断地接收新信息的刺激，这种刺激的过程可分为"强化"或"修正"。

　　心智模式有以下七个特点：其一，每个人都具有心智模式；其二，心智模式决定了我们观察事物的视角和做出的相关结论；其三，心智模式是指导我们思考和行为的方式；其四，心智模式让我们将自己的推论视为事实；其五，心智模式往往是不完整的；其六，心智模式影响着我们的行为结果，并不断强化；其七，心智模式往往会比其有用性更加长寿。

　　心智模式在不同的个人、人群、团体及组织中有不同的特点。就管理者来说，管理者个体的心智模式，由于个人的文化层次、认知水平、个性心理及社会经历的不同，具有复杂的特性，但也有共同的方面。而管理层团体的心智模式，在一定的社会经济条件和文化背景下，主要具有相对的一致性，同时也存在差异。管理者不断浮现并认识到自己存在的不良心智模式，是提高自身修养的重要前提。

　　心智模式是如此的重要，甚至能够影响到我们的人生。前面也探讨了如何去完善我们自己的心智模式，那么怎样的心智模式才算成熟呢？一个人心智模式的成熟有 10 个特征。如表 4 - 1 所示。

表4-1 心智模式成熟的特征

特征	内容
积极乐观	积极乐观是生活的基本态度，凡事都看积极面，往好处想
美好预期	对未来有积极美好的预期，并持续为之奋斗，把所有的挫折和困难都看成暂时的
坦诚	坦诚非常重要，能够直言自己的感受和看法，维持自己的一致性，分享自己观点背后的假设，争取被人理解并积极理解他人
积极	能积极地影响他人，获取支持。积极影响他人，善于找到与他人的结合点，获取必要支持
自行负责	为自己负责，做一个控制点在内的人，不轻易改变
能够兼听	能听进去不同的声音。善于倾听，能换位思考，在不同的声音中找到其差异化价值
坚持原则	有自己相对稳定的原则，有所为，有所不为，不越出底线
注重策略	凡事注重策略，而不仅仅坚持真理。做事的策略有时比事情本身更重要，对目的更加执着
包容	有容乃大，大器物能包容更多更大的东西
持续改进	持续改进自己，不断更新心智模式，追求人生的意义

我们为自己构建了一个世界，然后又给自己反复强化，最终让我们相信这个世界就是我们所构建的那样。从这个角度来说，我们就是自己生命的设计师，我们给自己搭建一个幻想世界，然后在现实中让这个幻想慢慢实现。

单元总结与思考：

1. 心智模式的束缚是组织变革中人们要克服的最大困难。无法改变人们既有的心智模式，就无法实现深层次的学习、创新和持续的系统性变革。

2. 心智模式是一种客观的心理存在，它影响着人们的观察、思考、决策和行动。心智模式没有绝对的对错、好坏之分，是一把"双刃剑"。

第三单元 心智模式的优化及其拓展

心智模式的问题不在于对或错，而在于不了解它是一种简化了的假设，以及它常隐藏在人们心中不易被察觉和检视。我们会发现，在工作的时候经常听到别人的抱怨，或是向别人抱怨。然而，我们可能谁都没有想过这是为什么。我们通常会觉得自己花很多时间，待在不想待的地方，做不想做的事情，只是觉得自己别无选择。因为我们需要赚钱养家、取悦亲朋好友、符合社会期望。但是，我们很少能够发现自己的工作其实是充满乐趣的，是有意义的。这都是因为我们只看到了不好的一面，我们始终觉得自己是被逼的。

由于心智模式隐而不见，而且具有自我增强的特性，它常常变得根深蒂固，难以改变。那么，如何改善心智模式呢？

改善心智模式的过程，从本质上是把镜子转向自己，试着看清楚自己的思考与行为如何形成，并尝试以"新眼睛"获得新的信息，以新的方式对其进行解读、思考和决策。这从本质上看是一个自省、学习、创新和变革的过程。

一是自省与反思。自省是改善心智模式的核心方法。通过自省，我们得以发现自己内心世界深处隐藏的成见、假设、逻辑、规则，使这些图像浮现出来，借此可以对其有效性加以检视。此外，我们应该在行动中反思，并从中发现问题。我们很容易看出自己思考上的一个盲点：我们对于别人的言行所做的判断，决定了我们回应的言行。然而，很少有人能把这些判断提出来与人沟通。我们也许会认为，某个人不相信我是一个有能力的人，但是却从来不和这个人在这个问题上进行沟通。我们只是按照自己认定的想法，不断尝试让自己看起来值得去尊重。这些却并不能触及问题的核心。所以，我们必须在行动中不断反思，才能发现问题的真正所在，从而根除这些问题。

二是学习。通过获取新的信息，开阔自己的视野，可以拓宽"观察框架"；通过了解新的思考逻辑，掌握更多的规则，可以更新"思考路线"；通过借鉴新的观念，形成新的习惯，可以修正自己的"价值导向"。总之，通过学习，人们可以获得合时宜的心智模式，使行动更有效。对此，需要破除对学习的认识误区，不仅通过阅读、听讲，获取新的知识或信息，也要扩大人际交流，向他人学习，尤其是接纳和欣赏差异性，积极向与自己看法不同的人学习。同时，要善于总结和反思，从工作中学习，把自己的经历当作最主要的学习途径或方式。

三是积极面对一切。在当今信息泛滥、浮躁的时代，主动地自省和"学而知之"显得难能可贵，更常见的情形似乎是"困而知之"：因为老办法行不通了，按照原有的规则得出的看法显得不伦不类，据此做出的对策和行动碰壁了，会促发人们产生觉察和内省。因此，不回避、隐藏问题，而是积极地面对问题、困难与挑战，积极地分析原因，尤其是反思自己内心的心智模式，是个人学习、提升的重要契机。

四是更换新的环境。心智模式的形成具有"路径依赖性"。也就是说，由于每个人的成长环境与经历不同，心智模式也可能是不一样的。诺贝尔奖得主埃德尔曼说："虽然我们生活在同一个世界，但由于各自的经历和目的不同，我们对某一特定事件的意义理解各不相同。"清华大学陈国权教授也曾经指出：改善心智模式的一个有效方法，就是让新颖、鲜活和丰富多样的体验不断冲刷、冲击，甚至冲破我们可能落后和固化的心智模式。如果人们长期在一种熟悉的环境下工作和生活，很难产生新的灵感，也很容易固化思维。人们需要有意识地创造条件，让自己有在各种环境下工作、生活或旅行的经历，体会各种自然和人文景观、文化、风土人情、生活方式，获得新的知识。在这方面，"孟母三迁"的故事深刻地揭示了外部环境对心智模式的影响。因此，换一个新环境，有助于个体心智模式的改善。

五是换位思考。传统文化经典著作《列子》中有一个"疑邻偷斧"的小故事，形象生动地说明：当我们心里有了某种想法之后，通过心智模式"选择性观察"的机理，就会让我们发现更多能印证这种想法的事例，从而更加坚定自己的判断。这是心智模式的自我增强特性。同时，这个故事也告诉我们，当有了新的资料之后，我们会进行新的推论，从而改变自己的判断。如果能不断发现新的资料或能够用新的视角去解读现有的各种资料，就可以持续优化自己的心智模式。

六是情景规划。在商业应用中，壳牌石油公司是第一家通过"学习如何浮现管理者的心智模式，并加以改善"而加速组织学习的大公司。它之所以能成功度过 20 世纪 70 年代和 80 年代两次世界石油危机的巨大冲击，主要归功于运用"情景规划法"来改善集体心智模式。不同于传统的战略规划或预测方法，情景规划法质疑人们认为理所当然的一些基本假设，例如十几年来，世界石油的需求量一直保持持续稳步增长的态势，所以石油的价格也会保持相对稳定，不会有大幅波动，开发一系列新的情景，帮助管理者以新的视角或方式观察这个世界。从某种意义上讲，情景规划法的特别之处就在于它能促进管理者心智模式的改善。

七是深度会谈。相对于个人学习，与他人的交流，更可能让自己"豁然开朗"，正如人们常讲的"听君一席话，胜读十年书"。"深度会谈"是一种有价值的交流技巧。"深度会谈"是深入地、高层次、高质量的沟通、倾听与共享，其目的不是探究真相，而是建立"共同的意义"。它要求自由地发掘微妙的话题，摒弃自己的成见，悉心倾听，并通过深入的理性思考，对我们认为理所当然或顺理成章的一些经验、工作程序、方法或假设提出质疑，借以发现隐藏在事物背后的真正规律。因此，深度会谈是改善心智模式的核心方法之一，也是激发集体智慧的重要手段。

八是持续"修炼"。改善心智模式归根结底只能靠自我的持续"修炼"，他人无法替代，外界的条件也只是一些促进或激发因素。持续"修炼"是改善心智模式的不二法门。

在上述八种方法中，前四种方法是让人们产生觉察，而觉察是改变的前提。其中前三种大致对应于孔子所说的"生而知之"、"学而知之"和"困而知之"。第五、第六、第七种方法是让人们通过新的视角去获得和解读新的资料，而新的资料是生成新的心智模式的必备原材料。当然，改善心智模式的各种方法从本质上讲都是自我持续"修炼"的过程，是一个学习过程，而且学习贯穿于改善心智模式的整个过程。

虽然心智模式的话题看似微妙，但我们每个人都有心智模式，每时每刻都受心智模式的影响。如果不能驾驭心智模式，我们就会成为"心智的囚徒"；善于驾驭并改善心智模式，我们才能成就"全新的自我"。

我们应该发现，改善心智模式的方式有很多，但是归根结底，都是会让我们变得更好。所以，心智模式的改善训练是相当必要的。

心智模式就是"心态"。心智模式很难改变，但仍须努力改善。首先，要改变自身的心智模式，去影响别人。其次，以良好的表现和沟通去征服别人，使团队形成良好的心智模式，改善团队的人际关系和环境。

单元总结与思考：

1. 心存感激以及豁达包容的心态，是改变心智模式的重要因素。

2. 在工作中，我们不能让情绪来影响自己的思维。我们应该勇于承担责任。

3. 学会换位思考。只有在团队成员就某一问题达成共识后，才能真正高效地处理问题。

第二节 个性管理

个性管理在现代企业管理中具有重要意义。正确地处理好个性与管理的关系，有助于管理及事业的发展；处理不好，盲目地强调个性，不遵从管理的规律与一般特征，必将不利于事业的发展。

第一单元 了解自我的个性

个性是在先天因素基础上，在一定的社会历史条件下的社会实践中表现出来的、比较稳定的、区别于他人的个体倾向和个体心理特征的综合。时代的发展，更是个性的发展。多姿多彩的现代社会，也造就了一代又一代的个性的人。

如同人在年轻的时候，应当多尝试做一些事情，在尝试的过程中了解自己：可以在做的过程中体会自己对某件事情的态度，多问问自己为什么喜欢某种状态，为什么不喜欢某种状态，慢慢地就会明白自己是个什么样的人，看重什么东西，热爱什么；也可以在做的时候发现自己更擅长于做什么。简而言之，就是了解自我的个性，对个性有正确的认识。

首先，个性类型不是绝对的。无论哪种个性分类方法，所反映的都仅仅是典型的个性，事实上，个性也像其他与人有关的事实（如身高、体重）一样，其频率分布是呈正态分布的，即绝对属于某种典型个性的人总是少数，而多数人总是不同程度地介于几种典型个性之间。

因此，在学习有关个性类型的内容时，"对号入座"、对人对己说三道四是不科学、不严肃的。个性类型的划分也像科学分类一样，作用在于为我们提供认识问题的一般性标识工具，而不是囊括所有情况。

其次，个性并无好坏之分。个性作为人的独特心理特征的总和，并无好坏之分。我们在评价人的个性时，不可认为这一类个性好，那一类个性不好。因为任何一类个性都有其积极的一面，也有其消极的一面。例如，胆汁质的人热情直率、精力充沛、生气勃勃是他们的优点，但急躁任性、情绪易于冲动又是他们的缺点；而黏液质的人既有冷静、踏实、待人真挚等优点，又有沉默寡言、反应迟缓等缺点。由此可知，我们应当正确认识自己和他人的个性类型，培养和利用其积极的一面，克服和改造其消极的一面。

每个人的性格中都有一定的优势与缺陷。仔细分析自己性格中的优势，努力挖掘自己的优点，并让那些优点成为自己的习惯。顺应自己性格上的优势，避开自己的盲点，你也可以成为一代伟人。美国著名小说家马克·吐温就是一个典型的例子。

马克·吐温曾经因为发现自己性格上的优势，秉着自己的性格和天赋去做事，结果一败涂地。他曾十分热衷于经商，但他没有经商的性格和天赋。尽管他勤勤恳恳、兢兢业业，但他还是失败了，一次就赔进了十几万美元。但马克·吐温并未因此而收手，他不服输，继续下去。虽然他总结了经验教训，做自己最熟悉的领域——出版，结果，他又一次失败了，几乎赔进了自己全部的家底。

当马克·吐温垂头丧气地回到家里，将一切都告诉妻子之后，妻子平静地对他说道："别灰心！我一直相信你的性格适合文学创作，而不是经商。"

马克·吐温抬起头，望着妻子无言以对。现在已倾家荡产了，连吃饭都成了问题，哪还有闲情逸致去搞创作。妻子默默地打开抽屉，拿出厚厚一沓钞票，对他说："亲爱的，放心吧！我们还饿不死。"

马克·吐温终于听从了妻子的建议，他因此而成为一名伟大的文学家。

一般来说，性格偏于内向的人，内心比较敏感，他们看待事物比较仔细，观察能力比较强，通常能看到或者是体会到别人不能体会到的。虽然不爱言谈，但他们的想象力异常的丰富。他们喜欢相对安静的环境，勤于思考。此类人比较适合当作家、文秘、会计、慈善等类型的工作。

最后，个性并不决定成就大小。个性不能决定人的活动的社会价值和事业上成就的大小，只影响人们进行活动的方式。大量的研究资料表明，在同一领域或同种工作岗位上，都出现过不同个性类型的杰出人物。同一类型个性的人，在不同的工作岗位上也做出了重大贡献。例如，同为杰出音乐家，贝多芬与柴可夫斯基的作品风格便完全不同，一个激昂慷慨、热情奔放，一个抑郁悠远、细腻精致。这是他们个性的不同色彩的流露，但并未妨碍他们才能的发挥，也未影响他们吸引各自的乐迷——那些个性与他们相似较多者。

不同的人有不同的个性，有的人活泼开朗、心胸开阔，有的人沉默寡言、郁郁寡欢。你了解自己的个性吗？一个人要想在某方面有所建树，就必须要很清楚地了解自己，了解自己的缺陷和优势，知道怎样去避开盲点，不让自己陷入忙碌而无为，恐惧而绝望当中。同时想要成为有所成就的人一定要弄清楚：自己最适合做什么？哪个领域、哪个岗位才是自己终身的事业所在？

任何一个人都要尽可能多地了解自己，中国有句俗语："知己知彼，百战百胜。"只有明白了自己和了解了敌人才能更好地筹划和实行。对于现代人来说，明白了自己的个性，知道了自己的优点和缺点才能更好地取长补短，给自己插上合适的翅膀，才能更快速地飞翔。

单元总结与思考：

1. 70% 的人没有成功，并不是因为他们笨、他们无能，而是他们陷进了自己的盲点。

2. 在认识到自己长处的这个前提下，如果能扬长避短，认真地做下去，久而久之，自然会结出丰硕的成果。

第二单元　个性的分类

个性就是一个人的整体精神面貌，即具有一定倾向性的心理特征的总和，是一个人共性中所凸显出的一部分。个性只是我们了解自己的一方面，而"人"要远远复杂得多，影响个性形成的因素很多，诸如遗传、家庭、社会、文化、价值观、道德观等，所以了解自己是成长所需的。了解自己的优点和缺点，开发优点、完善缺点，不断地自我完善和自我成长。

心理学家的研究表明，大多数人都可以被归为四种基本类型：分析型、主导型、温和型和表达型。这四种个性类型是根据人们处理人际关系的四种基本倾向而区分的。这四种人际关系处理方式的倾向能使一个人产生如下表现：

一是分析型个性。其特点是精确，决策需要很多细节信息，仔细、系统性、多疑、讲求逻辑、有所保留、避免冲突。分析型个性属于询问型，且有控制倾向。据此可将其细分为四种类型，即分析、主导、温和和表达型。这些特征是由于分析型个性相对而言不表露感情，且在决策中喜欢问很多问题来获取足够信息表现出的结果。基本上，对于分析型人士来说，有吸引力的职业是精算、会计预算、计算机编程和工程师。在北美一家物流储运公司做技术支持的王先生就是分析型个性的一个例子。

王先生的工作，决定他每天面对几百台电脑和网络进行故障维修和检测，每天要和各色人种打交道。有一天，一个白人直接打电话找王先生，说他电脑数据找不到了，让王先生去看看，由于他话语恳切，甚至带着哭腔，王先生觉得面子过不去，就去了他的写字间。

王先生在他电脑旁刚刚坐稳，才敲了几个命令，他突然大喊大叫起来："哎呀，你怎么删除我的东西？你到底做了什么？"这时王先生突然意识到，他这会不会是自己搞出乱子，要找替罪羊啊？不管怎样，如果他闹到自己顶头上司那里，老板一旦发现自己没有单，违反工作流程，以后的日子就难过了。王先生一看旁边没有其他人，就站起身对他说："等我几分钟，我马上回来。"然后赶紧离开，溜之大吉。

后来，这个白人又打电话过来，王先生就开始打官腔了，直到他把单开了，确信无误了，才继续开始。这次王先生就谨慎小心了，任何操作都多留个心眼，尽可能留下证据，以免将来他又赖到自己身上。

案例中，王先生的个性很明显就是分析型的，经过分析，他明白了，对于心怀鬼胎的人，一定要公事公办，决不能心慈手软。必要时要用个性化的方式给他一个教训，掌握主动权。

二是主导型个性。其特点是竞争性、强势的、自我推动、不安宁、感情用事、不够耐心、主导性的、好奇。主导型个性是喜欢说话和有控制力的一种类型，可细分为四种类型，即主导、分析、温和和表达。

这种个性是相对不表露感情且趋向于告诉别人该怎么做的特性引起的结果。对主导型个性的人来说，有吸引力的职业是：销售经理、推销员、企业主或行政官员。

三是表达型个性。其特点是劝说、冲动、能言善辩、感情用事、精力充沛、有感召力、亲切和蔼、永不休止。表达型个性属于诉说型，且有情感倾向。据此可将其细分为表达、主导、分析和温和。

高度的情绪化加上爱倾诉的特征造就了表达型个性的人，吸引他们的职业通常是表演、市场营销、广告等。很多保险从业人员属于表达型个性。

四是温和型个性。其特点是依赖的、谨慎的、警惕的、有备的、保守的、和平的、与世无争的、容易相处的、和蔼的、好的倾听者。温和型个性属于询问型，且有情感倾向。据此可将其细分为温和、分析、主导和表达。

这种个性是情绪化的本性与好问和喜欢取悦别人的特性混合而成。对于这种人来说，合适的职业是在稳定的环境下工作，比如管理型工作、公共服务和生产工作。

要引起注意的一点是，某种程度上，个性类型相反的两个人在理解对方时会有困难。比如说，表达型的人很难理解分析型的人；主导型很难理解温和型的人。因为这两种类型人的个性趋向是完全相反的。很明显，这表明我们必须努力尝试了解员工的个性类型，以适应他或她的行为方式，而不是其他类型的行为方式。

单元总结与思考：

1. 人与人的个性差别首先表现在性格上。性格是在社会生活实践过程中逐步形成的。由于各人所处的客观环境不一样，先天的素质不同，形成了各种类型的性格。

2. 人不能丢失自己的个性，那是一个人唯一真正有价值的地方。

3. 凡是成就了一番事业的人，都是坚持自己的个性和特色，敢于从流俗和惯例中出列的人。

第三单元　个性管理的方法与应用

人在事业上的成功与失败，不仅与他的智力高低有关，更与他的个性有关。在自信心、进取心、毅力等个性品质方面，成功者明显高于不成功者。因此，企业管理者必须重视培养员工的优良个性品质；同时要在管理实践中，以个性理论为指导完善管理措施，提高管理效果。

个性调节员工对组织所做的反应，一个员工对某种工资制度、某种特定的领导作风、一定的交往形式、某种非正式群体内的团结（内聚力）或某种战术变革所做出积极的还是消极的反应，都将取决于需要、期望、兴趣、价值观和态度这样一些个性特征。一个有成效的组织，为了最大限度地调整他们组织内的大多数员工与组织之间的关系，就要尽量适应这种不同个性的需要。

实践证明，个性对于人的工作成就和管理水平都有重大的影响作用。我们应当正确地运用个性理论，来提高我们的工作成就和管理水平。在极其重视组织成员个体差异的今天，一个有效的组织应做到以下几方面：

一是制度建设要尊重差异。成功的企业需要规范的管理制度进行约束，但完全规范性的企业管理制度不是要遏制企业员工个性的发挥。如果企业只注重员工对企业管理制度的服从，不倡导员工的个人创新意识和能动意识，也不鼓励员工个性发挥，久而久之，企业会陷入一种死气沉沉的管理状态，在日益激烈的市场竞争中失去灵活应变能力，最终会在竞争中被淘汰。在激烈的市场竞争中要拥有竞争优势，企业内部管理制度要具有其他企业无法模仿的个性优势，企业的个性优势就在于员工个性的发挥。也就是说，企业一方面要规范企业的管理制度，另一方面也要在遵循管理制度的基础上，尊重、发挥员工个性，创造尊重员工差异性的制度文化。通过员工自主管理、民主决策，确立团队精神、协调精神、主人翁意识等观念，充分发挥员工的主动性和潜能，让每个岗位的员工都有机会发挥特长、用其所能。

二是岗位安排要用人所长。不同个性的人适合于不同的岗位，易在与其个性相匹配的岗位上做出业绩，发挥创新力。在组织的管理过程中，管理者要全面了解和掌握下级的个性，明确员工个性上的优势和劣势。在分派工作时，做到优劣各得其所，有一能者服一事，有一形者处一位，人人能展其长，个个能尽其力，这样企业就不会有无用之才。同时，还应注意使员工的兴趣、爱好与从事的职业相适应，从而使他们感到满意、愉悦，受到内在激励，提高工作效率。如外倾型个性者，心胸开阔，易与人相处，好动不爱静，可让其从事推销、采购、社交、公关等工作；而内倾个性者根据其不善谈吐、做事细心、好静不爱动的特点，让其从事工程设计、财务会计、文书档案等工作。

三是人员配置要实现个性互补。一般来说，一个单位或者是一个组织的管理人员或工作人员，最好不要都配备个性和能力相同或相近的人，避免因互不相让造成效率低下。实践表明，不论完成的工作是复杂还是简单，都存在于人与机器的关系，更多的是处理人与人之间的关系，而同类气质的人在一起工作效能反而低，所以必须是具有不同气质类型的人有机地组合在一起，形成气质互补包容，才能取得较高的效率，更好地完成工作。所以，企业用人，不光要考虑其才能，更要注意人员搭配能力和个性的互补。

四是员工培训应该体现差异化。在选拔培训专业技术人员方面，要考虑到被用人的个性心理特征问题，充分发挥他们的特长，从而提高培训的效果。企业应根据实际需要和员工气质、性格、能力类型等的不同差异进行不同层次、不同需要的培训，进行专业技术培训和特殊能力的培训，从而有助于又快又好地完成既定的工作任务，充分发挥出各种能力的作用。差异化管理策略根据组织成员的个性差异，进行差异化培训。这样做不仅可以使个体对组织的目标任务有明确的了解并为之努力，更能使组织中的成员对自己及他人有更深入的认识，从而使个体在组织中的自我定位更加准确，成员间相处更为融洽和谐，组织更易发挥其整体优势。

领导者了解员工的不同个性，并根据这些不同个性安排每个员工的工作岗位，安排合理的领导结构和采取不同管理方式方法，就能最充分地调动每个员工的积极性、主动性和创造性，就能不断提高企业的管理水平和社会经济效益。根据组织中成员的不同个性特征，充分发挥和利用领导者自身的心理目标在工作中的积极影响力，对其实施不同领导，从而为顺利实现组织目标提供行为动力和智慧支持。因此，管理者应该设立一个宽松的、积极的、有激励性的环境，使每个员工个性的积极层面得到适当引导和充分发挥。

总之，差异化管理是对不同的人实施不同的管理，它是现代人力资源管理的必由之路。管理人员要善于引导员工的个性心理特征朝着积极和协调的方向发展，使其个性发展达到更高的水平，为集体事业做出更大的贡献。

单元总结与思考：

1. 激励机制因人而异，通过有效的激励机制可以促成企业的可持续性发展。

2. 从管理实用的原理出发，采取个性化管理，挖掘人的潜能并发挥每个人的长处，让每个人都从中获得安全感和自豪感，才能发挥管理化腐朽为神奇的作用。

第三节　心理资本管理

心理专家们通过开展大规模的员工心理访谈，从一开始想了解员工对企业的感受，到后期将心理咨询和心理干预与员工调研相结合，通过持续的大量交流访谈式心理干预，发现随着员工心理状态的明显好转，工厂绩效开始回升。该实验也成为了企业人性化管理的重要里程碑。

第一单元　心理资本概述

心理资本是指由员工的心理状态管理而获益，并将其转化成为一个系统的、用于提高生产力的执行工具。它属于积极心理学范畴，强调个人的力量和积极性，而不是纠错，反映员工的优点而不是缺点。

心理资本不同于人力资本与社会资本，而是位于两者之上。人力资本体现的是"你知道什么？即员工所受的教育及其知识技能"；社会资本是指"你认识谁？即员工拥有的关系网络和人脉"；心理资本关注"你是谁？你想成为什么？"意指"从现实之我向可能之我的转变"，关注的重点是个体的心理状态。心理资本具有投资和收益特性，可以通过特定方式进行投资与开发，将其潜力挖掘出来，进而使企业获得竞争优势。

由此可见，心理资本超越了人力资本和社会资本，是企业最稀缺、最有价值、最无法替代和复制的核心资源。因此，心理资本的开发具有极其重要的人力资源管理战略意义。

员工的心理资本对工作业绩至关重要。由于个体的潜力巨大，相对于资金、市场和技术资本，心理资本的升值空间是最大的，最好的心理资本可以带来决定性的竞争优势。拥有过人的心理资本的员工能承受挑战和变革，可以成为企业优秀骨干、管理者和领导者。员工成就自己的同时也在成就企业。

GE（通用电气公司）有一个培训中心，企业员工可以和总裁进行面对面辩论，也可以抒发不满、提出问题和建议，目的是培养员工自信、坦率的品质和面对现实的勇气。

蓝盾公司和香港电信公司也把情绪智力作为培训与咨询的内容，培养员工处理涉及剧烈情绪与工作情境变化的良好心态。

雅芳公司更是用情感能力测试来评估员工和培训经理的。

由上述案例可见，个体的积极心理资本是可以开发、管理、培育的，如果能够在心理资本开发过程中，有针对性地进行培训干预，就能起到良好的作用。

忽视了心理资本的相关内容，往往会引发两种不良后果。一方面，忽视了"感恩"等心理资本开发的员工，一旦接受了本企业仅限于知识和技能的培训，在员工获得了人力资本投资后，常常会为了个人的前程，轻易地与现企业解除劳动合同而另栖高枝，给企业造成损失。所以现在的企业，特别是有些高新技术企业，对新招的大学生进行业务能力的培训时，往往在培训结束后与员工约定服务期限和违约赔偿等，以防给他人作嫁衣。另一方面，局限于业务知识和技能开发而仅仅解决的是"能干"问题，但没能解决员工的工作动力，即愿意干的问题。有学者通过调查发现，按时计酬的员工每天只需发挥20%～30%的能力，就足以保住个人的饭碗。但若充分调动起员工的积极性、创造性，其潜力可发挥出80%～90%。美国组织行为学家路桑斯教授认为，在未来全球性的"市场空间"中，如何通过"人"来赢得独特的竞争优势，其答案就是：投资和开发心理资本。心理资本鼻祖、美国著名管理学家路桑斯与同事的分组实验与效用分析也同样证明，心理资本的增加能给企业带来效益优势。比如，一个中型企业心理资本提升2%，每年能给企业带来1000多万美元的收益，可见，以增加心理资本为内容的企业培训开发势在必行。

实践经验和理论研究都证实了员工的潜能是无限的，而其根源在于他的心理资本。因此，如何获取、开发和利用员工的心理资本，降低员工离职意向，提高员工对组织的认同感和人力资源的质量和投资收益，进而使组织获得竞争优势和高绩效，已经成为众多企业人力资源管理面临的新问题。

单元总结与思考：

1. 心理资本高的员工对工作的满意度，是心理资本低的员工的2倍，活力则是后者的5倍，忠诚度是后者的9倍！

2. 在知识经济时代，真正有价值的是如何通过"人"来获得竞争优势。人的潜能是无限的，而其根源在于人的心理资本。

第二单元　心理资本的基本规律

心理资本是企业除了财力、人力、社会三大资本以外的第四大资本，是指个体在成长和发展过程中表现出来的一种积极心理状态，是超越人力资本和社会资本的一种核心心理要素，是促进个人成长和绩效提升的心理资源。

心理资本的规律特点是拥有付出必要努力、成功完成具有挑战性任务的自信；对当前和将来的成功持乐观的心态；坚持目标，为了取得成功，在必要时能够重新选择实现目标的路线；当遇到问题和困境时，能够坚持、很快恢复和采取迂回途径来取得成功。

以信心、希望、乐观和韧性为核心的心理资本，在当今工作场所中，是一种能被测量、开发和有效管理，进而能提升绩效的能力。心理资本至少包含以下几个方面：

第一，心理资本具有自信的特征，就是对自我价值的信心，认为自己在工作中能够做出很好的成绩，对团队、对社会是很有价值的，这种价值感会激发员工取得很好的绩效。

自信对员工的工作绩效有着重要的积极的影响。自信的员工，喜欢迎接挑战，并用自己的优势和技能来应对这些挑战；自信能够鼓励员工使其充满活力地去追求自己的目标，并为实现目标投入必要的时间和努力；在目标的实现过程中，即使面对那些可能阻碍目标实现的困难时，具有高度自信的员工依然会坚持不懈地努力；具有高度自信的员工对自己的工作胜任能力有着良好的主观评价，相信自己的能力与精力，认为自己有能力完成组织安排的工作；他们热爱自己的工作，能够积极有效地投入到工作中去，与组织中的其他成员和谐相处、积极合作，以组织目标作为其长久的奋斗目标。可以说，自信心是员工提升工作绩效的动机力量，它能够促使员工对于自我目标产生积极的预期，从而促进其做出积极的选择，采用积极的思维模式，而不受工作压力的影响。

第二，心理资本具有对未来期望的指向。它是在成功的动因（指向目标的能力水平）与路径（实现目标的计划）交叉所产生体验的基础上，所形成的一种积极的动机状态。希望是由两大因素决定的，即意志力和途径。意志力指追求目标的动机和信念，是达成目标的心理能量，激励个体为实现目标而努力。途径是指实现目标的方法、策略或能力。

希望对员工的工作绩效有着重要的积极的影响。充满希望的员工对其工作有明确的目标，并下定决心实现他们的目标。在面对困难和挫折阻碍其目标实现时，他们能够通过信念坚定解决问题的决心，使自己具备达成目标的勇气和信心，并能够有效地寻找到多种新的途径，继续追求他们的目标，他们绝对不会选择希望和放弃。

埃及曾经有个顶级的酒店，开始排名第一，但由于管理不善而排名落后。这时，新上任的 CEO 与每位员工进行了面对面的交流，但只问了一个问题："你认为这个酒店还会排名第一吗？"结果只有 20% 回答 "Yes" 的员工被留了下来。两年后，这家酒店又成为了排名第一的著名酒店。

这个故事说明，员工对所在企业的未来是否充满希望，对他们工作的投入度和价值感有重要影响。希望是员工工作绩效的另一动机力量，它不仅为员工的进步和发展提供了动力，更提供了多种成功的路径。希望能够促进管理者和员工在工作中付出的时间和精力比组织要求他们做得要多得多，他们全身心地投入到工作中，为组织的发展做出最大的贡献。

第三，心理资本具有乐观的精神面貌。乐观是一种解释风格，是把积极的事件归因于自身的、持久性和普遍性的原因，而把消极事件归因于外部的、暂时性的以及与情境有关的原因。

乐观对员工的工作绩效有着重要的积极的影响。当遇到积极的事情时，乐观的员工会将事件的发生归因于自己，认为事件的引发因素都在自己的能力控制范围内并会持续存在，促进他们长久地成功地应对生活中遇到的各种事件；当遇到消极的事件时，乐观的员工会将事件的发生归因于外部因素，并持续保持乐观且自信的态度。乐观的员工能够享受工作中各类事件带来的乐趣，并最大限度地从中总结新的体会。这种乐观的解释风格使员工能够积极地、用乐观的解释方式看待过去、现在和未来，对组织产生高度的认同感，并使员工提高其对组织的认同感，产生对组织未来发展的积极预期，降低离职率，从而促进员工工作绩效的提升。

第四，心理资本具有韧性特征，它是在重大困难或危险情境中能积极适应的能力，是从非常积极且具有挑战性的事情中恢复过来的能力以及超越平凡的意志力。

韧性对员工的工作绩效有着重要的积极的影响。一方面，韧性是积极主动的，它并不只是在逆境中才发挥作用的。韧性能够帮助员工克服困难、适应环境，提高复原力和主动学习的能力。在一个组织中，高绩效的员工往往不是那些按部就班工作的人，而是那些勇于接受挑战，在困境中磨炼自己、主动学习和成长、无论在何种环境下都能够表现卓越的人。具有韧性的员工并不认为工作或生活中的挫折和困难是其前进的障碍，相反，他们认为这是促进其自身成长和发展的难得的机会。他们能够积极地面对困境，并在体力、认知和情绪上做出尽可能大的投入，从而能够促进其工作绩效的提升。

另一方面，韧性还可以帮助员工发掘个人的潜能和优势，有助于员工更清楚地了解自己，并准确地认识到自己的弱点和不足。这种自我认知可以帮助员工将他们的精力、资源和行动更好地应用于自我发展，为自我的成长和发展指明了方向。同时，这种认知还能在组织成员间建立起一种平等的伙伴关系，形成一种和谐的、合作的、信任而透明的工作环境，更有利于促进组织成员共同成长和进步，从而提升员工的工作绩效。

最好的心理资本可以带来决定性的竞争优势。拥有过人的心理资本能承受挑战和变革，可以使员工、管理者和创业者由逆境走向顺境，从顺境走向成功。拥有好的心理资本的人，是自信、乐观、坚韧的人；是善于把握和调适自我心理状况的人；是能主动认识和提升自我心理能力、激发自我潜能的人；是勇于创新、敢于创新，能够因地制宜地将自我的优势发挥到最大限度，从而成就自己美好未来的人。

单元总结与思考：

1. 从心理学的角度拓宽管理视野，掌握帮助员工提升心理素质的方法和心理辅导的技术，引导员工以积极的情绪投入工作，从而激发团队活力和激情，促进工作绩效提升。

2. 重视对企业心理资本水平的测评包括，员工面对压力的方式、整体的幸福感、心理资源的模型、工作资源和工作要求的模型，从而建构每个员工心理资源的框架。

第三单元　员工心理资本的创造与挖掘

个体的积极的心理资本是可以开发、管理、培育的，如果能够在心理资本开发过程中，有针对性地进行培训干预，就能起到良好的作用。因此，管理者要挖掘员工的心理资本，提升员工的自我能效、乐观、希望、韧性，使每一个员工更加积极、乐观、坚强地面对工作、生活，有效地应对各种压力，提高心理健康水平，也提高其工作绩效、工作满意度，不断增强团队凝聚力，为企业带来巨大的效益。

一是自信心的创造与挖掘。一个人除非相信自己能通过行动产生所期待的效果，否则他很难具备行动的动机。因而，自信心是行动的重要基础，人们使用个人效能信念指引自己的生活。

表4-2　创造与挖掘自信心的具体操作方法

方法	实施要领
回忆成功经验	让员工寻找和回忆以往拥有的刻骨铭心的成功经验，最好是本职工作岗位上所获得的。如果该员工从来没有这样的经验，可以设定具体的工作或生活情境，比如设定有一定难度、觉得不可能完成的、可衡量的任务目标，让员工去尝试，或者通过诸如"信任背摔"、"高空抓杠"等拓展项目为员工创造成功的心理体验。这是形成自信心最有力的潜在因素
寻找替代经验	让每一位员工去寻找一位工作或生活中的榜样，不断复制榜样的思想和行为。最好是选取本企业的英雄模范作为学习的榜样。选取的"榜样"与所要开发心理资本的员工个体的成长经历越相似，对员工自信心形成过程的影响就越大
营造环境	营造能够有利于培养自信心的生态环境，包括在企业内部成立学习型组织、与成功者交朋友、拜访成功者等。这有利于自信心的产生和强化
生理和心理唤醒	让员工每天坚持运动，保持良好的生理状态，这样有助于人的心理健康；每天上班前集体高声诵读企业、团队或个人使命宣言，或其他中外格言，如《洛克菲勒信条》就是很好的选择。这样经过从生理到心理的唤醒，能增强员工的自信心

　　二是希望与乐观的创造与挖掘。希望是在成功的动因（指向目标的能量水平）与路径（实现目标的计划）交叉所产生体验的基础上，形成的一种积极的动机状态。换言之，希望的内涵是一种认知或"思考"状态，在这种状态中，个体能够设定现实而又有挑战性的目标和希望，然后通过自我引导的决心、能量和内控的知觉来达到这些目的。而乐观则是指预期未来会发生积极事情的心理倾向。

　　现行企业员工管理中面临的最大挑战是：员工的工作热情随着时间的推移逐渐消退，缺少自动自发、积极主动的工作动因。因此，"希望与乐观"的开发，可以采取如下做法，如表4-3所示。

表4-3　希望与乐观的开发方法

方　法	实施要领
开发卓越心智	依据心理学的需求动机理论，对员工进行蕴含希望和乐观的卓越心智模式的开发、修炼和完善。例如，根据动机的"唤醒理论"，即唤醒员工对职业和工作的新认知，消除如"上班就是替老板打工"，"工作只是找个好饭碗"等职场认知"黑箱"。人们往往过分注重"外职业生涯"如职位晋升、薪酬多少，而忽视"内职业生涯"即个体自身内在的品格、知识能力的不断提升。与此同时，可根据有关动机的"自我决定理论"，塑造员工的"卓越心智"以增强员工的自我激励能力。其内在意旨是：职业生涯发展的关键是自我主宰，而不是由环境主导。在工作中无论遇到多么糟糕的领导、员工，抑或企业体制，都应该做自身职场命运的主宰者，而不能成为环境的奴隶。员工由此对自己未来的职业发展持乐观态度，并充满希望
采取有效的方法进行挖掘	一是可采用一些寓言故事如"水煮青蛙"、"谁动了你的奶酪"、"瓶子中的跳蚤"、"被铁链拴住的大象"等启发个体改变旧的思想观念，激活员工勇于"突破自我设限"的动机，设定新的工作目标。工作目标的设定务必可行且有弹性，员工亲自参与制定而不是组织硬性的规定，此外还须设立奖励机制。二是可以通过一些拓展训练项目和做一些能转变人的观念的游戏如"插苹果"等，帮助员工开发"希望"和"乐观"的心理资本。三是对员工进行归因方式的训练以增强人的乐观精神。乐观归因训练的核心思想是学会重新解释和面对过去的失败、错误和挫折。多次反复训练，当员工建立了积极的归因模式后，就能有力地增强其对外部环境的控制力，从而变得乐观向上

三是韧性的创造与挖掘。人的生命具有主动应对、调节和适应外部压力的心理能力，不同于生物体受外力后仅仅表现为被动恢复的属性。韧性是个人面对生活逆境、创伤、悲剧、威胁或其他生活重大压力时的良好适应与应对。心理韧性具有以下三种心理能力：克服逆境、化解危机的能力；耐受压力、良好适应的能力；从创伤中复原的能力。

表4-4　心理韧性的挖掘方法

方　法	实施要领
免疫保护	采用免疫保护机制，即启动个体过去成功的学习、工作经验。可利用企业、社会及亲朋好友提供的各种辅助资源帮助个体渡过难关，包括提供物质以及心理上的帮助。现行企业中的EAP员工支持计划就是一种很好的保护机制

方法	实施要领
运用专业方法	运用NLP法（神经语言程式），事先向员工输入各种积极信念、命题以开发韧性，如"万物皆有恩典"，以此告诉员工把"挫败"当成"机会"；"祸兮福之所倚，福兮祸之所伏"、"每一项错误都是一个累积最后成果的事件"，以此让员工明白辩证思维的重要性；"看山不是山"以此告诉员工肉眼与心眼看世界的不同，要将"肉眼"看世界的生理反应转化为"心眼"看世界的心理反应等。从而使员工形成一种积极地应对危机的心理反应认知模式，及时转化消极的观念，如将一时的"失败"视为"反馈"、将"挫折"视为"韧性投资"、将工作中遭遇的"困难压力"视为难得的一次"挑战和成长的机会"。最终使个体在面对困境时有效地化解危机并增强韧性
极限压力磨练法	即给员工设定超于常规的目标和任务，并告知其明确的奖惩措施，进而激发员工的意志力和创造力。因为一般人在日常生活状态下都有惰性，完全依靠个体的自我激励是非常有限的，特定的时候就需要来自外部压力的"逼迫"

关于心理韧性的挖掘，我们来看下面这个例子：

某销售经理正在为不断下降的销售额而头痛，现在能够解决问题的唯一方法是把未来一季的销售额拉上去50%，否则的话只能通过裁减销售人员节省开支。

第二天，销售经理把全部销售人员召集在一起，问："你们能让这个月的销售额提升50%吗？"销售人员回答："那是不可能的。""数字跟我的能力差距太远了。"各种各样的抗议声不绝于耳。"好……好，你们告诉我，你们每个人今年有没有什么愿望或者计划？"经理又问。A说："我希望在长假时可以和太太到国外旅游。"B说："我希望可以换辆新车，现在的车太破了。"C说："我正计划把女儿送出国去读书。""那你们各自算一下你们需要的花费是多少呢？各位要在今年实现计划，销售额要再提升多少，才能使你们的薪金和提成达到这种程度？"

经过一番计算以后，各人纷纷回答。A说："50%吧。"B说："大概65%左右。"C说："我想这需要80%。"经理说："也许是难了一点，但如果各位努力的话，目标也不是不可能达到的。各位现在有兴趣挑战那 50% 吗？"所有销售人员纷纷支持。最后，销售部在这一季的销售额提高了 70%。

例子中的销售经理运用了上表所述的方法之一——极限压力磨练法。这个故事告诉我们，职业韧性不是天然生成的，而是在实际工作和生活中"炼"出来的。如果企业能有效激发和管理员工的工作动机，将员工由"需要工作"推向"喜欢工作"，就能诱发出员工本来不为人知的潜能。当员工在遭遇困境时能够坦然面对，并且具有习惯性的"坚持、坚毅"的耐受力时，个体和组织的心理资本就会有极大的提升。

企业要开发员工的心理资本，帮助他们获得平衡感。只有自信、满怀希望、对工作乐观、具有韧性的员工才能对既定目标更加坚定并受之激励，才能表现出更强的环境适应能力，才能在压力情境下较少体验到焦虑，这也是现代企业需要努力的重要方向。

单元总结与思考：

1. 企业、员工的核心竞争力已经不再是资金、技术等传统资源，而是建立在以积极心理能力为基础的心理资本之上。

2. 心理问题相对敏感，容易产生顾虑甚至抵触情绪，如何营造健康、积极、阳光的心态。为了求生存、谋发展，培养自信、乐观、满怀希望、坚强韧性的品质特别重要。

第四节 人际关系管理

事成于和睦，力生于团结。在公司的日常工作中，每个员工都不是一个独立的个体，这就要求我们在工作生活中要处理好人际关系问题。当然，在这个过程中，管理者扮演的角色和作用是至关重要的。

第一单元 人际关系的基本规律

人际关系是人们在交往中心理上的直接关系或距离，它反映了个人寻求满足其社会需求的心理状态。从表面上看，人际交往活动在形式上是复杂多样的，在时间上是随机发生的，在内容上是零碎烦琐的，在对象上是瞬息多变的，似乎不存在任何确定性和规律性。事实上，人际关系也有一定的规律。

了解人际关系的基本规律，可以让我们更好地去经营自己的人际关系，使人际关系变得更好。人际关系的基本规律的分类如下：

一是吸引接近规律。凡是真的、善的、美的东西，都能吸引人。尤其是外貌、言语、才华、学识、名望的吸引。表现形式如表4-5所示。

表4-5 吸引接近规律的表现形式

规　律	表现形式
外貌吸引	外貌美对于第一印象的形成尤其重要，令人不由产生吸引力。因为喜欢美的东西是一种自然倾向，尽管不同文化的人对美的标准的看法并不完全一致。但是人们对美貌的人的其他方面会给予积极评价
言语吸引	呆板、枯燥的言辞让人感觉很乏味；生动形象、灵活多变的语言才能充满吸引力，激起听者的兴趣，不断给他们以新鲜的刺激。所以，在说话的时候要注意使自己的语言充满生命力。要使自己的语言风格不断变化，面对不同的说话对象、不同的场合，使用不同的说话策略，语言风格要"因人而异、因地制宜"。同样的事物，从不同的角度去观察认识，就会得到不同的认知。语言的表达方式在人际关系中有很重要的作用

规　律	表现形式
才华吸引	无论一个人长得多漂亮或者是多帅，都只能让人产生一时的羡慕而已。但是如果一个人特别有才华那就会使我们越来越羡慕那个人。可以说，一个人的才华才是他最吸引人的地方，做人肯定要将自己最好的一面展现给别人，让人不由自主地想要去接近。无论是礼贤下士的典故，还是三顾茅庐的故事，都是由于主人公卓越的才华，才能受到如此非比寻常的待遇
学识吸引	有思想、有学识、有灵魂的人，才是最动人的。在他们的身上，到处闪现着智慧的光芒。他们彰显个性风采，却不过于张扬，他们相信自己的学识和认知能力，坚信自己的理想和抱负，懂得不断地学习和追求新的知识，让自己不断地进步。当困难出现的时候，总是临危不惧，从不怨天尤人或者悲观丧气，不会只用眼泪作为捍卫自己的武器，相信自己能够解决困难，同时也能积极地寻求可靠的解决方式和方法。这样的人如同一本书，总是能引起周遭人的注意力，让人不由自主地去"阅读"
名望吸引	名望是指名声、威望，为人仰望的名声。有名望的人应该包含两层意思，既有名又受人敬仰。人要有名望，受人尊重、敬仰，道德操守必需要好。有名望的人之所以能够吸引他人，一方面是因为具有一定的权威和影响力，甚至是庞大的人脉资源，可以给他人带来一定的实际好处；另一方面是给他人带来精神层次的享受和提升

关于吸引接近规律，我们来看下面这个例子：

马克·吐温是著名的幽默大师、讽刺大师，他非常擅长利用多角度表情达意。在一次酒会上，他向记者说道："美国国会中有些议员是狗崽子养的。"记者把这爆炸性的话语通过新闻媒介传了出去。华盛顿的议员们大为愤怒，强烈要求马克·吐温道歉，否则他将面临吃官司。过了几天，《纽约时报》果然刊登了马克·吐温的道歉启事："我考虑再三，觉得此话不当，而且不符合事实，故特此登报声明，把我的话修改如下：美国国会议员中有些议员不是狗崽子养的。"

这个例子就运用了上表所述的方法之一——言语吸引规律。马克·吐温从不同的视角表达了自己对国会议员的鄙视。枯燥乏味的语言让人生厌，让谈话气氛枯燥、呆板；生动活泼的语言常常会让气氛活跃起来，给人带来无穷的新鲜感，更能引起对方的注意力。

二是趋同离异规律。即人们在交往过程中，总是喜欢接近和自己有某些相同点的人，而不喜欢接近和自己毫无相同之处的人。主要包括认同现象和趋同倾向、认异现象和离异趋向、酬赏性趋同和惩罚性离异三个方面。

三是互需互酬规律，即人际关系是相互的，必须双方互动，以互需作为思想基础，互酬作为结果，这就是互需互酬规律。其中，互需是建立人际关系的思想基础，互酬是发展人际关系的重要条件。

四是交往深化规律。即人际交往由浅到深，不断向纵深发展，这就是交往深化规律。包括礼仪交往、功利交往、感情交往、思想交往等。

五是交互中和规律。交互中和规律是人际关系建立、发展、完善的重要规律之一。人际关系双方，通常并不是完全均等的，而是互有差别，在交往过程中互相影响、逐渐接近，结果呈中和状态。

单元总结与思考：

1. 人际关系影响企业内聚力和工作效率。

2. 人际关系影响员工的身心健康。

3. 人际关系影响个体行为和自我发展与完善。

4. 人际关系影响企业的精神文明建设。

第二单元　人际关系与团队建设

工作中的任何一件事情都不是一个人可以完成的，一件事往往需要两个及两个以上的人共同努力才能完成好。而如何能更好地完成工作，这需要更好地处理人们间的人际关系。好的人际关系可以使工作事半功倍，不好的人际关系则事倍功半。

计划员 A 女士是一家中型电器公司的主生产计划员，负责生产计划的制订及跟进工作。有一次，因为订购的一款物料未按期交货，影响了生产进度，使生产计划未能如期达成，心直口快的 A 女士与采购员 B 女士在办公室内发生了激烈的正面碰撞。这件事发生后，严重影响了此后的工作和团队关系。

像案例中这样的冲突似乎很棘手，但是作为主管不能不问不管，必须得想办法去化解。尽快化解矛盾甚至敌对情况，也要预防其他同事发生类似的冲突。一个组织目标的实现需要有大量团队参与并加以实现，而团队需要有内在的凝聚力和共同的目标。团队需要不同人员之间的相互配合，有接触就很容易发生矛盾冲突。

要想使团队更好地完成组织的工作，就需要将团队中每个成员的个人因素考虑在内，及时解决冲突和矛盾，处理好人际关系，将团队的整体目标与成员的个人目标保持基本一致，在良好的人际关系中才能更好地发挥一个团队的总实力。那么，具体怎么做呢？

一是尊重。不懂得尊重人，一切都无从谈起。这个尊重来自于坚信"只要是个人，就有比你自己强的地方，就有用"。这个尊重是有形的，是可以看得出来、感觉得到的，比如，你对人的守时、守信、虚心听取意见等。要学会尊重团队中的任何一分子；最大、最可贵、最有效的尊重是信任。这体现为对团队成员的合理授权和委任。

二是沟通。好的沟通就像一个灵敏有效的神经系统，又像是机件运行的润滑剂。沟通的手段多种多样，如聊天。聊天也是工作。当然，这种聊天的目的只有一个：拉近距离，融洽气氛，了解情况，施加影响。还有娱乐，尤其是下棋、打牌、喝酒，这三项活动最能体现人的性格。性格无所谓优劣，最重要的是因人而异，善加利用。通过合理的组合，减少冲突，增强合力。还有就是文字记录，一定要让团队成员，尤其是关键成员养成做文字记录的习惯，这对团队建设本身不是十分重要，但从企业管理和项目管理的角度来看，却是非常重要的。而且，团队建设的目的，最终也是为了把工作做好。

三是服务，这是团队建设的核心内容。要尽可能地把自己是领导、有权发号施令的念头压下去，把监督、控制等字眼压下去。想得更多的是对这个团体的责任，目的是要把工作做好。工作最终要靠整个团队，而不是某个人来完成。要立足于服务，给团队成员创造出一个良好的工作环境。换句话说，组织者的任务是把台子搭好，让团队成员把戏唱好。所以，不要吝啬在上司面前肯定团队成员的成绩，更不要邀功于己，诿过于人，这是非常忌讳的。要让团队成员放手工作。这里的服务，既是工作上的，也是生活上的，要尽可能细致、周到。服务做好，管理基本上也就到位了。需要指出的是：服务不等于迁就，是有原则的，也是在自己能力范围内的。

四是协调和组织。把合适的人放在合适的位置上。实际上，作为一种具体的技能和工作内容，这是与尊重、沟通和服务联系在一起的。把前几项做好了，协调组织基本上就是水到渠成的问题。有两个需要注意的方面：一是要注意实际情况，因人就势；二是要注意尽可能多地、合理地授权，管得越少越好。

五是激励。物质奖励是必要的，但一定要慎用、少用。因为，好事往往会变成坏事。不恰当的物质奖励不但起不到激励的作用，反而造成不必要的麻烦，增加攀比、猜忌等矛盾，破坏气氛。而且，如果总是以物质刺激来激励，就说明组织、薪酬体系有问题。激励更多的应该是精神层面的，最有效的就是对人真诚的尊重和信任、对成绩及时有效的肯定。如果能真正重视团队成员的意见并给予适当的授权，完成任务时给予及时的肯定，失败时给予真诚的帮助和鼓励，那么产生的激励作用要强烈和持久得多。每个人都希望自己的工作获得认可，及时、公开的表扬就显得很重要了，那代表着认知、肯定和认同。

六是导向。最重要的就是导向问题。前面提到的种种，都要以一个原则为导向，那就是：产生合力，达成目标，最终目的是要把工作做好。这是基本准则，也是衡量团队建设成功与否的标准。

总之，团队建设关键在于如何把握。团队成员需要热心、诚恳、负责任，肯和团队成员交朋友，而团队必须有一个共同的目标。没有共同的目标，无论你的理想多么美好，都不会有人响应的。员工只是为了生存而工作，并没有为了宏大目标奋斗。所以必须将个人的目标调整并包装成众人认同接受的目标。

单元总结与思考：

1. 良好的人际关系是团队运作的润滑剂。

2. 不良的人际关系会耗费团队大量的精力，如果坐视不管，随着时间的推移，非但不见好转，反而会雪上加霜。

第三单元　人际关系管理的方法与策略

良好的人际关系无论对个人的成功还是对单位的发展都十分重要。美国卡内基教育基金会经过对成功人士研究，得出的结论是："一个成功的人，15%靠专业知识，85%靠人际关系与处世技巧。"

每个人都必须学习建立良好的人际关系，掌握人际关系管理的方法与策略。例如下面这个故事，就表明良好的人际关系不仅可以促使一个人成功，关键时刻可以挽救生命。

"二战"前夕，有一个犹太传教士叫西蒙·史佩拉，他被派到德国的一个小镇去传教。他每日习惯在乡村的田野之中漫步很长的时间，每天经过田野时，都会看到一个叫米勒的农夫在田里勤奋地工作。每一天早晨，西蒙·史佩拉总会向他说："早安，米勒先生。"

最初，米勒总是不理不睬。不过，西蒙·史佩拉坚持以温暖的笑容和热情的声音向米勒打招呼。终于有一天，米勒向西蒙·史佩拉举举帽子示意，脸上也第一次露出了一丝笑容。后来，米勒会高声地回道："早安，西蒙先生。"

纳粹党上台后，西蒙先生全家与村中所有的犹太人都被集合起来送往集中营。营区的指挥官拿着指挥棒一会儿向左指，一会儿向右指。发派到左边的就是死路一条，发派到右边的则还有生还机会。

当西蒙的名字被叫到时，那个指挥官转过身来，两人的目光相遇了。西蒙静静地朝指挥官说："早安，米勒先生。"米勒的一双眼睛看起来依然冷酷无情，但听到他的招呼时突然抽动了几秒钟，然后也静静地回道："早安，西蒙先生。"接着，他举起指挥棒指了指说："右！"也许西蒙的问候再次唤醒了米勒心中被纳粹夺去的人性。西蒙已经走得很远了，可是他仍然能听到米勒在连连地喊着："右！"

其实，这并不是什么早安的魔力，而是西蒙·史佩拉传教士经过自己不懈的努力建立起了一种良好的人际关系，在关键时刻，让米勒放下了冷酷无情、民族仇恨的鞭子。可见，掌握人际关系管理的方法与策略是多么重要。

人们处在繁忙的工作生活当中，复杂的人际关系，无疑会给人增添新的压力。那么，该怎样管理好人际关系呢？

一是处理好各种关系。所谓各种关系，这里包括与上司的关系、与同事的关系、与员工的关系，以及处理与竞争对手的关系。具体来说，如表4-6所示。

表4-6 处理好各种关系的方法

关系种类	处理方法
上司的关系	上司一般都把员工当成自己的人，希望员工忠诚地跟着他，拥戴他，听他指挥。所以要在上司面前，讲诚信，讲义气，敬重他，便可得到上司的赏识。在与上司的相处中，谦逊还是相当重要的。谦逊意味着你有自知之明，懂得尊重他人，有向上司请教学习的意向，意味着"孺子可教"。谦逊可让你得到更多人的支持，帮助你更好地成就事业

关系种类	处理方法
与同事的关系	对同事不能太苛求，对每个人都一样友好。任何人日后都可能成为你的好朋友，重要的工作伙伴，甚至成为你的顶头上司，所以千万不要预设立场，认为他今日不是个重要角色，就忽略他的存在，同时，也不要随便听信别人的闲言碎语，让自己保持一个开朗的胸襟，以眼见的事实客观地去评判每一个人
与员工的关系	多帮助关心员工。对员工要坦诚，在下级善意地表示接近的良好愿望时，使下级感到受尊重、被重视，不仅会激发被领导者的积极性，还使大家对领导的思想修养、工作作风、领导意图有所了解，下级对上级习惯性的心理距离由此逐渐缩小
与竞争对手的关系	在我们的工作当中，处处都有竞争对手。当你超越对手时，没必要蔑视人家，别人也在寻求上进；当人家在你前面时，也不必存心添乱找茬。无论对手如何使你难堪，露齿一笑，既有大度开明的宽容风范，又有一个豁达的好心情，还担心败北吗？说不定对手早已在心里向你投降了

二是真诚相待。真诚就是讲究感情投资，是对人倾注真挚、炽烈的感情，舍得在密切感情方面花本钱、下功夫，以争取人心，更好地发挥群体成员的积极性。比如在我们的周围有这样一群人：长期共处，但还未达到亲密无间的程度。就将自己内心隐藏的话和盘托出，难免会走漏风声，陷自己于不利的境地。所以，在交往中，也要注意把握对不同人说不同的话，有些时候可以说得圆滑一些。但是，当对方是我们能够信赖的人，是我们长期共处而又能保守秘密的人，比如亲朋、好友、同事、同学都可以成为我们说知心话的人。对这样一些人，我们可以先试着真诚地说出我们内心的话语，或许会收到将心比心的回应。总之，人际交往中还是要多一些真诚。

三是保持良好的心态。要建立好关系网，在心态上要成为一名自愿者。如果不是出于自愿的话，你就不会尽全力去经营，也就不会得到丰厚的回报。保持良好的心态，心中充满善意，你在和其他人的共同行动中，就会得到肯定的反应。对自己充满信心了才能结交更多的朋友，才能更好地与周围人分享快乐。其实，每个人最好的心理医生是自己，只要你针对自己的弱点，有意识地加以锻炼和控制，你就能以健康的心态对待别人，与人建立良好、和谐而又纯洁的人际关系。

处理人际关系，世界上普遍认同两个基本法则："黄金法则"和"白金法则"。黄金法则的精髓是："你想让别人怎样待你，你也要怎样待别人。"白金法则的精髓是："别人希望你怎么对待他们，你就怎么对待他们。"管理好人际关系不妨也从这两点出发。

单元总结与思考：

1. 人们的交往是由浅入深的。礼仪交往，互相关照；功利交往，促使事情办成；感情交往，建立一定友谊；思想交往，成为知己。心理动力学认为，深入了解别人，是要经过一定层次的。

2. 人们之间互有差别，互有需求，互有补偿，相互接近，逐渐中和，可使群体达到和谐状态，人际关系良好。

3. 人际交往，只要政治原则、基本倾向相同，至于个性特点、习惯爱好、生活情趣等有差异，不妨求大同、存小异，做到大事讲原则，小事讲风格，在枝节问题上不苛求于人即可。

第五章 指南导航——职业生涯管理

第一节 职业生涯的规划

职业生涯管理是现代企业人力资源管理的重要内容之一，是企业帮助员工制定职业生涯规划和帮助其职业生涯发展的一系列活动。职业生涯管理应看作是竭力满足管理者、员工、企业三者需要的一个动态过程。

第一单元 职业生涯管理的概念

现实中，很多刚入职场的新员工没有职业生涯规划，一心想着快速发展，其最大的表现就是"频繁跳槽"，这在很多刚入职场的大学毕业生身上普遍存在，只要稍微觉得不如意，他们就会选择跳槽。尽管在职场中跳槽也很正常，但如果是频繁、盲目地跳槽，那就会越跳越糟。

"就业难"究竟难在哪里？其实，"就业难"并不是难在大学毕业生缺乏"工作经验"，而是难在缺乏基本的"职业素养"。尤其是对大学毕业生来说，频繁跳槽的结果是光在那里适应新环境了，该学的一点都没学到，最多也就学了点皮毛。于是，时间浪费掉了，能力却一点没有增长。

著名企业家、皇明太阳能董事长黄鸣在他的博客中写过这样一段他与网友的对话。

网友说："大学生毕业多久才能要求高薪？难道要我低薪服务十年不成？现在拿那么点底薪跟民工差不多，800、1000 我也得接受吗？就算不比民工，我们也是人，也要吃饭吧？请问在北京多少钱一个月才能不饿肚子？多少钱一个月才能有个睡觉的地方？"

网友的话可能会引起很多人的共鸣，的确，现在的大学毕业生很不容易！辛辛苦苦读了那么多年书，好不容易毕业了，却没人把自己当回事，拿的甚至是和民工差不多的薪水！

我们来看看黄鸣是怎么回答他的："你问了这么多问题，唯独没有问'怎样提高自我价值'？怎样能做出更多的贡献？什么样的人要怎样做，企业才能心甘情愿地给'高薪'？你的这些问题、这样的思维方法，恰恰是你处于现在状况的根本原因。"网友本以为会博得黄鸣的同情，没想到却当头挨了一棒。其实，黄鸣的棒子岂止敲打了这位网友，也敲打了所有和那位网友存在同样心理的人。

如果你从不想自己能贡献什么、能创造多少价值，从不想方设法提升自己的能力，以至于什么事情交给你做都做不好，只有弄砸的份儿，还要一味地盯着薪水，整天怨气冲天，觉得全世界都亏待你，那你只有拿着低薪水在底层爬的命运。如果这样，还不如就在现有的岗位上"跳高"：沉下心来，把该学的都学会了。随着自己能力的不断提高，更大的发展也摆在面前了。

改变命运就要做好职业生涯管理。在现代企业中，个人最终要对自己的职业发展计划负责，这就需要每个人都清楚地了解自己所掌握的知识、技能、能力及自己的兴趣、价值观等。而且，还必须对职业选择有较深了解，以便制定目标、完善职业计划；管理者则必须鼓励员工对自己的职业生涯负责，在进行个人工作反馈时提供帮助，并提供员工感兴趣的有关组织工作、职业发展机会等信息；企业则必须提供自身的发展目标、政策、计划等，还必须帮助员工做好自我评价、培训、发展等。

当个人目标与组织目标有机结合起来时，职业生涯管理就会意义重大。因此，职业生涯管理就是从企业出发的职业生涯规划和职业生涯发展。

单元总结与思考：

1. 职业生涯管理是企业资源合理配置的首要问题，是企业长盛不衰的组织保证。

2. 职业生涯管理能充分调动人的内在积极性，更好地实现企业组织目标。

3. 职业管理既能使员工了解自身的长处和短处，养成对环境和工作目标进行分析的习惯，又可以使员工合理计划、分配时间和精力完成任务、提高技能。

第二单元　职业锚

所谓职业锚，又称职业系留点。锚，是使船只停泊定位用的铁制器具。职业锚，实际就是人们选择和发展自己的职业时所围绕的中心，是指当一个人不得不做出选择的时候，他无论如何都不会放弃的职业中的那种至关重要的东西或价值观。

职业锚也是自我意向的一个习得部分。个人进入早期工作情境后，由习得的实际工作经验所决定，与在经验中自省的动机、价值观、才干相符合，达到自我满足和补偿的一种稳定的职业定位。职业锚强调个人能力、动机和价值观三方面的相互作用与整合。职业锚是个人同工作环境互动作用的产物，在实际工作中是不断调整的。日本丰田公司在运用员工的"职业锚"方面给了我们有益的借鉴。

丰田对于岗位一线工人采用工作轮调的方式来培养和训练多功能作业员，这样既提高了工人的全面操作能力，又使一些生产骨干的经验得以传授。员工还能在此过程中发现自己的优势在哪里，从而进行准确定位，找到真正适合自己的岗位。一旦员工确立了自己的职业锚，工作起来将会更具积极性和主动性，效率将会有很大提高。

丰田采取5年调换一次工作的方式对各级管理人员进行重点培养。每年1月1日进行组织变更，一般以本单位相关部门为调换目标，调换幅度在5%左右。短期来看，转岗需要有熟悉操作的适应过程，可能导致生产效率的降低，但对企业长久发展来看则是利大于弊。经常的有序换岗还能给员工带来适度的压力，促使员工不断学习，使企业始终保持一种生机勃勃的氛围。

职业锚有以下几个特点：

第一，职业锚以员工习得的工作经验为基础。职业锚发生在早期职业阶段，新员工已经工作若干年，习得工作经验后，方能够选定自己稳定的长期贡献区。个人在面临各种各样的实际工作生活情境之前，不可能真切地了解自己的能力、动机和价值观以及在多大程度上适应可行的职业选择。因此，新员工的工作经验产生、演变和发展了职业锚。换句话说，职业锚在某种程度上由员工实际工作所决定，而不只是取决于潜在的才干和动机。

第二，职业锚不是员工通过各种测试得出来的能力、才干或者作业动机、价值观，而是在工作实践中，依据自身和已被证明的才干、动机、需要和价值观，现实地选择和准确地进行职业定位。

第三，职业锚是员工自我发展过程中的动机、需要、价值观、能力相互作用和逐步整合的结果。

第四，员工个人及其职业不是固定不变的。职业锚是个人稳定的职业贡献区和成长区。但是，这并不意味着个人将停止变化和发展。员工以职业锚作为其稳定源，可以获得该职业工作的进一步发展，以及个人生物社会生命周期和家庭生命周期的成长、变化。此外，职业锚本身也可能变化，员工在职业生涯的中、后期可能会根据变化了的情况，重新选定自己的职业锚。

职业锚在员工的工作生命周期中，在组织的事业发展过程中，发挥着重要的功能作用：

一是使组织获得正确的反馈。职业锚是员工经过经历和能力等各方面的"搜索"后所确定的长期职业贡献区或职业定位。这一搜索定位过程，依循着员工的需要、动机和价值观进行。所以，职业锚能清楚地反映出员工职业的追求与抱负。

二是为员工设置有效可行的职业渠道。职业锚准确地反映员工职业需要及其所追求的职业工作环境。反映员工的价值观和抱负。透过职业锚，组织获得员工正确信息的反馈，这样，组织才可能有针对性地对员工职业发展设置可行的、有效的、顺畅的职业渠道。

三是增长员工工作经验。职业锚是员工职业工作的定位，不但能使员工在长期从事某项职业中增长工作经验，同时，员工职业技能也能不断增强，直接提高工作效率或劳动生产率的效益。

四是为员工奠定好中后期工作的基础。之所以说职业锚是中后期职业工作的基础。是因为职业锚是员工在通过工作经验的积累后产生的，它反映了该员工的价值观和被发现的才干。当员工抛锚于某一种职业工作过程，就是自我认知过程，就是把职业工作与自我观相结合的过程，开始决定成年期的主要生活和职业选择。

单元总结与思考：

1. 个人在进行职业规划和定位时，可以运用职业锚思考自己应具有的能力，确定自己的发展方向，审视自己的价值观是否与当前的工作相匹配。

2. 尝试各种具有挑战性的工作，在不同的专业和领域中进行工作轮换，对自己的资质、能力、偏好进行客观的评价，是个人的职业锚具体化的有效途径。

3. 对于企业而言，通过员工在不同工作岗位之间的轮换，了解员工的职业兴趣爱好、技能和价值观，将他们放到最合适的职业轨道上去，可以实现企业和个人发展的双赢。

第三单元　职业定位及其类型

职业定位是自我定位和社会定位两者的统一。职业定位就是在社会分工的大舞台上确定能扮演自己的角色：符合"本我"，不用经常戴着面具去迎合工作的需要，甚至可以张扬自己的个性，并最多地用到自己习惯的思维方式、行为模式。简单地说，就是做本色演员，就是要"做回我自己"。

职业定位是一个人工作后，通过实际工作经验，并与自身能力、动机和价值观等相互作用、整合而形成的，是个人同工作环境互动作用的产物。主要分为八大类型，如表 5-1 所示。

表 5 - 1 职业定位类型

类型	含义
技术或职能型	这种类型的人追求在技术或职能领域的成长和技能的不断提高，以及应用这种技术或职能的机会。他们对自己的认可来自他们的专业水平，他们喜欢面对来自专业领域的挑战。他们通常不喜欢从事一般的管理工作，因为这将意味着他们放弃在技术或职能领域的成就
管理型	管理型的人追求并致力于工作晋升，倾向于全面管理，独自负责一个部分，可以跨部门整合其他人的努力成果，他们想去承担整个部分的责任，并将公司的成功与否看成自己的工作。具体的技术、功能工作仅仅被看作是通向更高、更全面管理层的必经之路
自主或独立型	自主或独立型的人希望随心所欲安排自己的工作方式、工作习惯和生活方式。追求能施展个人能力的工作环境，希望最大限度地摆脱组织的限制和制约。他们宁愿放弃提升或工作扩展机会，也不愿意放弃自由与独立
安全或稳定型	安全或稳定型的人追求工作中的安全与稳定感。他们关心财务安全，也比较诚实、忠诚。尽管有时他们可以达到一个高的职位，但他们并不关心具体的职位和具体的工作内容
创造型	创造型的人希望凭借自己的能力去创建属于自己的公司或创建完全属于自己的产品或服务，他们愿意冒险，愿意面对困难，他们可能正在别人的公司工作，但同时他们在学习并评估将来的机会。一旦他们感觉时机到了，便会走出去创建自己的事业
服务型	服务型的人一直追求他们认可的核心价值，如帮助他人、改善人们的安全、消除疾病等。他们一直追寻这种机会，即使变换公司他们也不会接受不允许他们实现这种价值的工作变换或工作提升
挑战型	挑战型的人喜欢解决看上去无法解决的问题，战胜强硬的对手，克服无法克服的困难障碍等。对他们而言，参加工作或职业的原因是工作允许他们去战胜各种不可能。新奇、变化和困难是他们的终极目标。如果事情非常容易，他们马上会变得心烦
生活型	生活型的人是追求个人需要、家庭需要和职业需要的平衡，他们希望将生活的各个方面整合为一体。正因为如此，他们需要一个足够的弹性工作环境让他们实现这一目标

职场生涯短暂，走过弯路固然会增强自己的抗打击能力，但如果弯路走多了，快步走在"职业阳关道"上的时间还能剩下多少呢？所以，定位就显得尤为重要，经常看看自己是否已经走歪，偏离了航向。首先要了解自己，主要是核心价值观念、动力系统、个性特点、天赋能力、缺陷等。方法上可以自我探索，也可以请他人做评价，或者借助心理测验，从而充分地了解自己。一个人一辈子只要能发现你的优势并把它发挥到极致，就一定会非常优秀。

单元总结与思考：

1. 企业了解员工对薪酬、工作环境、工作发展等的需求，这样就可以有针对性地为员工职业发展设置不同工作环境、激励机制和发展渠道。

2. 职业定位能够帮助个人明确自身价值观和工作追求，对于确定长远职业目标和方向、职业发展路径、自身角色定位等方面也有很大的帮助。

第二节　职业生涯的早期管理

职业生涯早期阶段是指一个人由学校进入组织并在组织内逐步"组织化"，为组织所接纳的过程。员工职业生涯早期管理已成为当前人力资源管理中的一项极其重要和崭新的工作，科学的管理能够达到组织和员工双赢的目的，继而提升组织的竞争活力和员工的职业发展潜力。

第一单元　组织与个人的相互接纳

相互接纳，是新员工在职业早期顺利进入组织和社会化阶段之后，个人与组织相互间进一步加深认识与了解，达到相互认同，成为组织正式成员，贡献于组织，并获得发展的过程。

有效的职业生涯规划与开发，要求个人需要与组织需要之间相互配合；整个职业生涯中，个人和组织双方共处于一个不断变化的环境中，两者的相互匹配过程也是动态的过程。如果匹配过程能够有效地进行，组织与个人都能受益。组织受益的将是可以合理地运用与开发人力资源、绩效的提高和人际关系的改善；个人将能够较好地管理自己的职业生涯，职业与家庭的最佳结合，个人才干会毫无浪费地发挥，态度与价值观得到较好实现，个人也得到最好的发展。

叱咤中国 IT 界的风云人物，为英特尔在中国市场立下赫赫战功的英特尔中国区总裁杨叙，在这一点上就有很深的体会。

20 世纪 80 年代中期，杨叙到美国留学。还在大学一年级的时候，他就在一次校园招聘中，被英特尔的主考官看上。很快，他就开始到英特尔底特律的办事处实习。走进办公室的那一瞬间，他就被墙上牌子上的字吸引住了："客户是我们最重要的财富。"

在当时，国内的服务意识还比较淡薄，对于刚到美国的杨叙来说，他对"客户"的概念几乎为零。但既然公司把这句话放在墙上那么重要的位置，肯定是公司核心的理念。于是，趁着办手续的空当，他盯着这句话整整思考了 10 分钟。

正式进入公司之后，他就一直秉承这样的理念做事，工作的时候充满热情，处处想方设法为客户提供更细心周到的服务，并且不断要求分派新任务。杨叙的表现，引起了他的上司的注意。四年以后，杨叙完成学业，也结束了在英特尔的实习，成为英特尔位于俄勒冈州系统部的正式员工。

一个还没毕业的大学生，对"客户"的概念都没有搞清楚，却能第一时间接受企业的核心理念，并努力以此来指导自己的工作，最终以最快速度赢得上司和同事的认可，为自己的发展打下良好的基础，这的确是一种智慧，也值得所有渴望发展的人借鉴。

投身职场要站稳脚跟并要好好发展，就要从参加工作的第一天开始，学会融入单位，即完成从"个体人"到"单位人"的转换。也就是说，再不能像以往那样凡事以"我"为中心，想做什么做什么，想怎么干就怎么干，而必须时刻提醒：自己只是单位的一分子，凡事都要更多围绕"我们"来思考。

组织和新员工的相互接纳是组织与员工双方的事情，但是，组织是主导的方面，主动权多数掌握在组织手中。新员工可能刚开始对自己的职业感觉良好，希望长期如此，然而新员工没有进入组织的决定权，同时也难以了解组织对自己是否决定接纳。但是，他可以通过组织的行为和一些事情，判明自己被接纳的情况。那么，组织应该做些什么来尽快接纳新员工呢？

一是捕捉信号。新员工接纳组织，常常会有积极的信号发出：

其一，决定留在组织中，是新员工接纳组织和雇用条件的一个信号，尤其是在劳动力市场充分开放，新员工具有有效竞争力的条件下，这暗示了新员工对组织和工作情境的真正接受。

其二，发挥出高水平的内激励和承诺，是新员工接纳组织和工作情境的明显信号。高水平的内激励和承诺，主要是指员工工作积极性、自觉性、创造性的充分发挥，表现为满腔热情地工作，高度责任心、事业心，充分利用作业时间，承担更多的工作任务，积极参加高风险、创造性、挑战性的工作等。

其三，关注组织的发展，具有团队意识和参与意识，是新员工接纳组织的又一明显信号。新员工关心组织的发展，不仅服从于组织，而且力求融入组织，注重发扬团队精神，具有积极参与组织团队各项事情的意识和要求。这充分表明员工在感情上接受了组织，而且接纳程度比较深。

其四，接受不合意的工作、报酬或较低的职务等级，将其视为暂时的情况，相信和期待组织的许诺一定可以兑现，这是新员工融入组织的又一信号。组织会向新员工许诺在将来某一时间有富于挑战性的工作，增加工资或晋升，但目前需要接受枯燥的工作或低薪和低职业等级。如果员工愿意暂时承受这些压力，这表明他信任组织，接纳了组织。

二是组织对新员工的接纳。相互接纳是组织与员工双方的事情，但是，组织是主导方，主动权主要掌握在组织手中。新员工可能会对自己的工作感觉良好，并希望长此以往，然而，他没有进入组织的决定权，同时也难以了解组织对自己的态度是否会被接纳。但是，他可以通过组织行为和某些事件来判明自己被接纳的情况。

其一，正面的实绩评定。在第一次正式或非正式的工作业绩评定中，组织对新员工给予正面的肯定和表扬，是表明组织接纳的最常见的做法。但是，这种做法往往是虚名，并不确定。当上司说你"进步不小，表现不错"时，可能表明你仍处于试用、考察期，并未确定组织已经接纳你。尽管如此，这还是一个准备接纳或有利于组织接纳的好信息。

其二，分享组织的"机密"。组织表明接纳一名新员工最常见的方式是向新员工提供特种信息。特种信息是有关组织内人和事的"内幕"、"真相"，大致包括如下内容：与工作有关的具体信息，如具体的技术、营销技能、生产方法等；关于别人对新员工的真实看法，或者关于新员工与他人相比情况怎样、前途如何、预期出现晋升或进一步流动、工作调换的时间等议论；有关事项怎样才能办成功的机密，以及为办成事须遵循的非正式程序、要找的关键人物等；组织内关键事件的真相及其发生原因。

上述这些信息显然只能由受到信任的人分享。当新员工证明自己有工作能力，接受了组织核心价值观时，他的上级或同事才有可能向其发布并共享此种信息，至此，他被组织接纳就显而易见了。

三是流向组织内核。企业内各级组织都有一个核心，或称内核，这是组织重大事件的决策和执行指挥部。对于有才干的、接受组织价值观的新员工，组织会很信任，视其为骨干，向其直接通告组织意图，并听取他们的意见和建议。这种推动新员工流向组织内核的过程，象征着组织在更大程度上接纳员工。需要指出，流向组织内核不同于提升，没有发生职务等级向上的运动，只是反映新员工同组织（核心人物或组织代表）关系的密切，以及自己在组织中的地位和作用有所提高。

四是提升。这是显而易见的有形奖励，新员工对此很重视，将之作为组织接纳的证据。提升是一种垂直运动，意味着员工职业发展穿越了一种等级边界。

五是增加薪资。一种情况是，若是常规的、大家都有的提薪，并不意味组织真的已经接纳了你，很可能是你恰好赶上增薪。在这种情况下，如果给你的增薪幅度比较大，表明组织有接纳你的意思。另一种情况是，若是非例行的超常规增薪，增幅也较大，可以说明组织充分肯定了你的工作实绩，并接纳了你。

六是分配新工作。象征组织接纳的最重要的事件是，新员工由暂时的、试用阶段的初次工作分配，转向第二次分配。当然，第二次分配的工作不是初次分配的简单工作类型的重复，而是富有挑战性的工作，或者直接关系到组织发展的重要工作。

七是仪式活动。许多组织接纳新员工以一种礼仪活动作为象征，如宴会、茶话会、娱乐会等，或者给新员工授予某种具体的权限或符号，如给予会员资格、信用卡、私人办公室等，表明组织正式予以接纳。举行仪式活动很有意义，它可以改善和密切新员工与组织中其他成员的关系；新员工也以此为标志，以成为组织的正式成员而自豪。

单元总结与思考：

　　1. 过好"融入关"：少一点"我"，多一点"我们"。

　　2. 首先以"我们"来进行思考的人，必然会以最快的速度融入单位；首先以"我"思考的人，往往会受到单位的排斥与摒弃。

　　3. 首先成为单位需要的人，才能在单位里获得最快最好的发展，这是颠扑不破的职场法则。

第二单元　相互接纳过程中的问题与解决

　　不可否认，每个人都有自己的想法、做事风格和做事节奏。但在职场中，光有自己的"节拍"并不够，更需要有和单位的"合拍"才行。只强调自己"节拍"的结局，是跟团队格格不入，那还怎么待得下去？怎么可能在职场中有发展？

　　一天中午，大家外出吃饭了，一位负责人从办公室出来一看，所有的灯、电脑、空调、电暖风、饮水机都开着。也就是说，中午一个半小时的休息时间，这些完全可以不用的电全都白白浪费了。于是，等员工们都回来后，他强调以后一定要养成随手关电源的习惯。

　　但效果并不明显，开始两天好一点，但过几天又恢复了老样子。这让他很生气，于是把大家批评了一顿，并且说："如果是在家里，你们出门难道也不关灯、不关电器吗？"谁知其中一个员工振振有词地说："是啊，我在家就经常忘记关，有时候周末出门，灯会一直开两三天。"这让那位负责人真有些哭笑不得。

　　其实，类似的现象在许多新员工身上体现得很普遍：我以前在家里、在学校里怎么做的，在单位我还怎么做。殊不知，单位不是家里，单位是要核算成本、追求效益的地方，家里和学校不给你发工资，所以对你没有要求，但单位要给你发工资，自然就有要求，所以要为单位的利益着想。如果谁都不顾公司的利益，什么都不当回事，要公司怎么正常运转？要你来做什么？

在一些员工的眼里，似乎从来没有把公司发展作为己任，而是想方设法去谋取更高的薪水。一旦公司出现什么危机，这些人心里永远只有自己的利益，他们会以最快的速度跳下这艘漏水的船，而不会想着如何去抢救和保护它。这样的人也许能够谋取一份可以生存的工作，但在一生中很难取得任何成就。

在组织与个人相互接纳过程中，可能会出现某些问题，这往往是由于组织职业管理不当所致，组织必须予以重视，及时解决。

一是对新员工第一次正面的实绩考察与测评，缺乏准确的反馈信息传达。问题的表现是，上司对实绩考察与测评往往持两种态度进行评定，一种是笼而统之，使新员工对自己的地位及是否被组织接纳跟以往一样糊涂，感到自己仍处于遥遥无期的试用阶段；另一种是对新员工的实绩不予明确评定。

解决之道有三：第一，上司必须准确负责地评定，不能含糊其词更不能不负责任地不予确定或求全责备。无论怎样的评定结果，必须有充足证据为支撑。第二，将评定结果真实、准确地传达给新员工。充分肯定优点，诚恳地指出缺点和不足，提出改进意见和今后前进方向。第三，上司要学会对新员工进行情感关怀，关注其情绪变化，关心、鼓励、帮助他们做好工作。

二是尽早向新员工分配由其负责的、有意义的工作。新员工进入组织后，例行分配给他们一定的工作进行培训是必要的。培训目的更多的是让其"练手"或者"看别人干"。如果训练时间长达半年、一年甚至更长，新员工的能力无法展示，他会感到自己不被信任和重视，对组织感到失望；组织也难以较快地准确了解新员工，发现人才，使用人才。

解决之道是：组织要注意考察新成员在组织中职业的状况，尽可能多地获取有关他个人的信息，如果个人的才华确实不能与组织的需要相匹配，还是尽早解雇这些"不可雕之朽木"为妙。与一个人待在组织里，不被重视而无所作为或是在职业生涯后期被解雇或辞退相比，在职业生涯早期改换几种职业所受的痛苦与损失就少得多了。

三是组织与新员工都不能完全相信彼此交换的信息，造成心理上的隔阂。相互接纳是组织与个人达成心理契约的过程。这种过程多数心照不宣，在某种程度上相信对方，一般都不能达到完全的信任。例如，新员工接受了一项具有挑战性的工作任务，被允许分享组织的机密，这意味着他已经得到组织接纳自己的信号。但是，他仍然对组织的接纳心存疑虑，不能决定自己是否以更大的热情和干劲做出更高水平的业绩。另一种情况是受到器重的新员工对自己未能获得期望的奖励或工作感到极度沮丧，对组织感到失望，想着到别处去谋求一份更好的职业，而在离职之前对组织严密封锁消息。

解决之道是：为了尽可能地消除这种不信任感，组织一方应当做种种努力提供及时可靠的反馈。新成员自我意向的形成和对自己前途的评估，很大程度上受到第一次见习职业绩效评价的影响。组织必须给其客观的而又稍带鼓励倾向的反馈。

四是将相互接纳过程中建立起来的心理契约固化。职业早期，组织与个人之所以相互接纳，是因为双方心中都有值得对方认可的诸多因素。相互接纳的主动权多掌握在组织手中，为了达成心理契约，组织应该发挥更大的作用。

解决之道是：个人与组织相互接纳的结果，就是订立心理契约。首先是员工将以成果和贡献来获取挑战性职业，可接受的职业条件、工资、奖金形式的组织奖励，以及许诺提升等形式的表明职业进步的组织前途，是相互接纳阶段的新员工与组织的关系。

单元总结与思考：

1. 学会发现别人的优点并加以欣赏，促进相互肯定与接纳。

2. 在组织与个人相互接纳过程中，可能会出现某些问题，这往往是由于组织职业管理不当所致，组织必须予以重视，及时解决。

第三节　职业生涯的中期管理

员工获得职业晋升是其自我价值的提升在组织中的具体体现。企业在对员工职业晋升的设计上必须要做到对员工真正适用和负责。

第一单元　建设畅通的晋升通道

在建设畅通的晋升通道方面，世界上众多成功的大企业，中高层管理人才几乎很少从外部招聘，企业尽量实现内部人才供给，注入的新生力量往往只是企业中最基层的人员。人们希望加入这样的企业，是因为企业为他们提供了足够的成长空间。

如何做到这一点，不同的企业有着不同的人才培养战略，但是要谈到他们的共同点，那就是真正做到了关心企业每一个员工的职业发展，并为此提供必要的条件，即规范、科学的多重晋升通道和合适的工作环境，负责任地培养企业的每一个员工。

某机械设备制造公司 TB 生产部经理调任新厂做营运副总，人力资源部照公司惯例在 TB 生产部的 5 个车间主管和 4 名技术骨干中推选经理。人力资源部将评分结果向总经理和营运副总做了汇报，他们都认为张某技术非常突出，但在与人沟通方面一般。冯某技术不如张某，但综合管理能力强，于是人力资源部向全公司发布了任命冯某为 TB 生产部经理的书面通告。

两天过后，掌握公司核心技术的张某向人力资源部提交了辞职报告。尽管张某不承认离职是因为没被选为经理，但多数人都认为没有选上是他离职的直接原因。

张某离职给公司管理层带来了很大震动，几次开会都讨论了这次选拔是否存在什么问题。公司坚持了民主程序，把有管理能力的冯某提为经理，管理层满意，员工也支持，但却带来了另一关键人才的流失，这次选拔到底错在哪里呢？

从上述案例可以看出，该公司的这次选拔本身没有问题，但缺乏多通道的员工职业晋升设计，该公司的员工晋升管理没有与整体的人员发展规划相结合，结果是"按下葫芦又起了瓢"。假设该公司已经建立了多通道的员工职业晋升体系，那么，在对冯某职位晋升的同时，也对工作表现优秀的工程师张某进行技术等级的晋升，然后，针对其想晋升到管理岗位的意愿，人力资源部可与他深入沟通，为他制订加强领导力培养的个人发展计划。这样，公司就很有可能留住这位优秀的人才。

其实，每一个员工都希望得到企业的重视和关心，而企业让每一个员工都能享有同等的职业晋升机会，获得在组织内部的发展，为每一个员工提供充分必要的锻炼机会，并且企业为员工发展提供最大限度的辅导和指引，这就是对企业对员工真正的重视和关心。

有序的员工职业晋升，是要将岗位需要与人才发展有机地结合，这才是有效的晋升管理。因此，科学、规范的员工职业晋升设计，健全的员工职业晋升体系是实现组织内部员工有序晋升的重要保障，是企业开展员工职业生涯管理的首要工作。一个企业整体能力的提高，是可以通过推行学习型组织，建立人员发展规划，让人才的发展和晋升走向有序和均衡而逐步实现的。根据当前国内外不同组织职业通道设置的实践，可以发现目前职业通道模式主要分单通道模式、双通道模式和多通道模式三类。

目前，员工概括起来主要为管理型员工和专业技术型员工两大类，因此在设计发展通道时，应分别针对这两类员工设计双重的发展通道，不仅有利于充分调动员工的积极性和主动性，而且为员工拓宽职业发展空间，有助于自我价值的实现。

当然，还可以引入轮岗制度。员工轮岗是实现其职业内发展、拓宽职业发展通道的重要途径。职位晋升一直是员工工作的动力之一。但是随着组织结构的扁平化，组织内部晋升的路线越来越短，高级职位的数目越来越少，员工晋升的机会也相应地减小，那么如何才能激励和留住人才呢？在组织内部进行横向调动的内部轮岗制不失为一种很好的办法，可以用来取代阶梯式的晋升制度，因为对员工来讲，不同的工作经历可以积累丰富的经验，得到对职业生涯发展更有帮助的培训机会。

轮换到更有前景或是更具有吸引力的岗位上的机会能够获得工作的新鲜感和挑战性，因而成为激励和保留人才非常有效的手段。在该员工进入新的岗位之后，企业要及时给其安排一位有经验的导师，负责其在轮岗期间的工作安排，以保证员工在新的岗位能得到实际的锻炼机会。

单元总结与思考：

1. 规划员工发展空间，留住优秀人才并激励其上进，营造良好的人文环境。

2. 明确员工晋升与淘汰标准，优化人力资源。

第二单元　继续教育和再培训

职业生涯中期员工在企业内站稳脚跟，是最容易施展才华，最有干劲、贡献最多的阶段，往往也是中年危机易发期。加强企业员工的继续教育与培训，对于企业的健康发展也能起到强大的促进作用。企业作为继续教育的主体，应该重视企业员工的继续教育和培训问题。

有效的企业培训，其实是提升企业综合竞争力的过程。事实上，培训的效果并不取决于受训者个人，而恰恰相反，企业组织本身作为一个有机的状态，起着非常关键的作用。员工培训是企业人力资源开发的一个重要内容，良好的培训对企业的发展具有重要意义。

第一，培训是企业创造竞争优势的重要途径。现代企业的竞争，归根结底是人才的竞争。企业的核心竞争力来自企业的员工，企业人力资源竞争力不仅表现为企业综合竞争力的一个重要组成部分，而且是企业整体竞争力的基础。企业要想在激烈的市场竞争中取胜，就必须提升员工的素质，员工的素质提升源自有效的培训，培训是不断提升员工素质的有效手段。企业只有将培训制度化，通过有效的培训才能提高企业核心竞争力，更好地实现企业战略目标。

第二，培训是提高企业整体绩效水平的有力武器。通过良好的培训，可以有效提高员工水平，挖掘员工潜力。通过培训，一方面使员工掌握现有工作所需的学识技能；另一方面希望员工事先储备将来担任更重要职务所需的学识技能，一旦高级职务出现空缺后即可以升补，避免延误时间与业务。培训还能缩小员工工作中所需要的学识技能与员工所具有的学识技能二者之间的差距，使之更加适合现有工作。

第三，培训是提高企业经营管理水平的重要手段。管理是一种有效配置资源以实现企业目标的活动，但其本质是对人的管理，即首先通过对人的管理来实现对物的管理。培训是管理的前提，管理者首先要通过培训具备实施管理的素质、知识、技能和信息；被管理者要通过培训掌握自身的职务、义务及相应的专长、技能，以适应管理的要求。通过培训使员工对指定的、标准的信息能够接受和消化，来影响其认识和行动，从而达到管理的目的。通过培训满足员工高层次的精神文化需要来激发员工的干劲和热情，企业同时应把培训作为管理的机会和途径、完成任务的方法和手段，围绕企业的任务和目标来实施培训，并通过培训沟通上下级的联系，掌握工作进展状况，达成相互理解和支持，共同提高工作绩效。

建立完善员工培训激励机制的原因有两个，一是调动全员参加培训的积极性，二是防止部分员工在接受培训后跳槽离开。因此，企业必须建立和完善相应的培训激励机制，对参加培训并取得较好培训效果的员工给予各种方式的激励。

激励的具体方法，企业可根据自己的实际情况进行设计。如将薪酬与员工知识技能挂钩，定期进行绩效考核，凡通过培训工作绩效明显改善，工作成绩显著提高，达到甚至超出培训目的的员工给予加薪。还可以建立专项奖励基金，作为对优秀员工在参加培训以及培训技术、技能应用方面所取得的成果的奖励。还可以在员工职务、职称晋升时，优先考虑那些积极参加培训并取得成果的员工。还可以选派参加带有旅游性质的培训班、鼓励员工参加学历或学位培训并报销学费，出国考察等。这属于物质激励的范畴。在精神激励方面，也可采用多种多样的方法。如评选学习明星、技术能手、创新能手等并进行表彰。所有这些方法都可以使员工在心理上、精神上产生满足感、成就感，从而激发其进一步参加培训学习的热情。

此外，激励员工更加努力提高自己的工作绩效，而且还可以体会到企业对员工职业发展的关心，最终更有利于员工和组织的共同发展。如果组织对其员工的职业生涯做出良好的规划和妥善的管理，协助成员发展完善的职业生涯规划，使其在个人生涯成长的过程中有实施新构想的机会，不仅能解决员工内职业发展技能素质提高的要求，还能满足员工对其外职业发展晋升的需要。

单元总结与思考：

1. 建立员工忠诚度的重要原因之一是公司要决定是否对他们有所投资，投资于他们的未来，帮助他们实现梦想。

2. 员工教育训练是有组织有计划地实施员工教育以发展全体员工知识技能的一种方法。

第四节　职业生涯的后期管理

员工到了职业生涯后期，或多或少都会出现一定程度上的心理失衡，这个时候组织应在思想上切实做好这类员工的思想工作，帮助他们认识并接受退休事实，在具体形式上，可以开展退休咨询，了解员工对退休的认识，针对性地解决认识问题等，总之，要让将要退休的员工思想上有充分准备，减少他们真正退休后产生的迷茫和失落感。

第一单元　员工退休之际的工作衔接

对于员工退休之际，职业生涯后期管理策略可以从以下几点入手。

一是学会接受和发展新角色。对于处在职业生涯后期阶段的员工，应培养其勇敢面对和坦然接受心理机能衰退及其所导致的竞争力、进取心下降的客观现实，另辟蹊径，寻求适合自己的新职业角色。以发挥个人的专长与优势，在现实工作中充任教练，对员工进行机能培训；充当参谋、顾问等角色，出谋划策，提供咨询，或者从事力所能及的事务性工作等，均不失为事宜职业生涯后期阶段的良好角色。

二是让即将退休的老员工学会和接受权力、责任和中心地位的下降。首先，要从思想上认识和接受"长江后浪推前浪"是必然规律，心悦诚服地认可个人职业工作权力、责任的减小，以及中心地位的下降，以求得心理上的平衡。其次，将思想重心和生活重心逐渐从工作转移到个人活动和家庭生活方面，善于在业余爱好、家庭、社交、社区活动和非正式工作等方面，寻求新的满足感，可以通过参加钓鱼、养花、收藏、旅游、老同学或老朋友聚会畅谈等活动，来充实自己的生活，满足自己的需求。

三是回顾自己的整个职业生涯，做好退休准备。在职业生涯结束之时，员工应当回忆自己所走过的职业生涯道路，一方面，可以总结和评价自己的职业生命周期，为自己的职业生涯画上完美的句号；另一方面，通过总结自己的职业生涯成功的经验和失败的教训，通过用亲身经历对新员工进行培训教育。同时，还要做好退休的准备工作，主要是要做好个人的退休计划。

四是做好退休之际的职业工作衔接。组织要有计划地分批安排应当退休的人员退休，切不可因为退休影响工作正常进行。组织还要选好退休员工的接班人，及早进行接班人的培养工作：进行多种形式的岗位培训学习，与即将退休员工一起工作，请老员工传、帮、带等，保证一切工作顺利进行。通过机制安排老人对新人进行传、帮、带，使其熟悉企业的资源地图，了解企业文化，熟悉工作方式等，尽快进入工作状态。保障老人愿意带新人的机制，就是要领导不单爱护新人，更要尊重老人，肯定他们的价值，补偿他们的付出，倡导新员工谦虚谨慎、尊重老人。由于老员工在公司工作时间较长，接受的各方面培训较多，工作经验和工作技能相对也较高，因此，要培养老员工把帮助新员工的工作看成是自己的责任和义务。

总之，到职业后期阶段，雇员的退休问题必然提到议事日程上来。大量事实表明，退休很可能伤害了雇员，对企业的工作也会产生影响。为减少和避免可能带来的伤害与影响，对雇员退休事宜给予细致周到的计划和管理。

在老年员工的职业规划上，要注意做好细微的思想工作，完善退休后的计划与安排，并及时完成退休之际的工作衔接。

> **单元总结与思考：**
>
> 1. 处在退休之际的员工，由于其体能和精力不可避免的衰退，学习能力及整体职业能力呈下降趋势。
>
> 2. 处在退休之际的员工权力、责任和中心地位下降，角色发生明显变化。

第二单元 经验传承与养老计划实施

老员工是企业稳定发展的重要因素之一。老员工热爱企业、热爱自己所从事的本职工作，对公司的管理、待遇、环境基本上是认可和满意的。老员工文化即代表着企业文化，如果一个部门主管管不住老员工，那么他在新员工面前也会失去威信。老员工对新员工的影响远远超越了主管对新员工的影响。所以作为一个部门主管一定要把老员工用好、管好。否则，老员工管不好，新员工也无法管。

任何一个新人进入公司，没有老员工的帮助，都是很难以最快速度适应公司环境的，尤其是在一些具有"外来和尚好念经"文化的公司，老员工经常会被感觉到受轻视，这也容易出现两个极端，要么失去信心，对新来人员盲目崇拜；要么蔑视新员工，工作不配合、不支持。无论哪种情况，新员工都难以很快适应工作，难以在公司真正扎下根。所以领导的态度经常间接决定老员工对新员工的态度，如果领导"喜新厌旧"，老员工肯定不服气，也不会真心实意帮助和指导新人。

在经验传承方面，需要老员工尤其是即将退休的老员工积极地将经验传授给新员工或是接班人。具体有以下三点需要老员工注意：

第一点，如果决定接受带新人的责任，那么就要负责任，不是为了完成任务，而是为了赢得一个朋友的心态。如果是这样的心态，在新员工或是接班人的职业生涯中会记住老员工。帮带人应该每周找新人了解情况，掌握其兴趣爱好。在每天下班前，安排新人第二天的工作，并要从安排工作完成的情况和他思考的角度中挖掘新人的思考方式与特长。

第二点，经常安排一些事情给新员工或是接班人做，让他知道怎么开展工作，当然也要跟他交代怎么做，要做到什么样的效果。做完事情要给予指导，分析哪些做得好并予以鼓励，哪些又是需要改进的不能一直把他当作新人，否则他永远是新人。

有一位新人，曾经在日记中这样写道：

在我实习期间，经理对我很好，不懂问她也会耐心地解答，同事们也会主动关心我，特别是即将退休的两位老员工会给我帮助。正是上班以后有两个同事帮带我，在这一个月来，一个经常分配一些事情给我做，然后给我讲解思考的维度与怎么做。有时我写的东西，她需要重新改过，但她还是继续安排我做。而另外一个也许带人经验还不足，她一直担心我做不好会打击我的自信心，很少安排事情给我做，只是经常发些材料给我看，然后跟我讲思路，毕竟我没有自己动手去做，收到的效果很小。于是，下班之前，我就跟她谈了一下，提出了我的想法，并主动要求做些事情，去承担一些责任。

新人成长，就要经常拉出来练兵，只有练才知道他的不足，需要怎么改进。所以案例中第一位老员工的做法无疑是更受欢迎的、更正确的。

第三点，适当安排新员工或是接班人学习一些跟工作有关的方法类书籍，并要进行归纳。平常也可以要求新人写一些工作的心得，以便自己及时跟进。在老员工退休计划安排上，一定要做到位，积极实施养老计划。要使员工安心离开组织开始退休生活，一个细致的退休计划是执行的保证，组织有责任尽可能把员工的退休生活安排得丰富多彩：退休学习计划、鼓励退休员工进入老年大学、发展多种兴趣和爱好、多参加社会公益活动和老年群体集体活动等，通过这些活动，达到广交朋友、增进身心健康的目的，只有让这类员工感觉到退休后组织依然关心他们，他们留在组织的最后时间才能安心工作。

认真落实离退休人员的政治待遇和生活待遇，完善老年活动场所，建立健全走访慰问和困难帮扶离退休人员工作机制，帮助离退休员工解决难点和热点问题。同时注重退休阵地建设，积极组织离退休人员参加各类文体活动，引导他们在企业改革发展中发挥作用，才能使离退休员工倍感企业大家庭的温暖，真正能够老有所养、老有所为、老有所乐。

单元总结与思考：

1. 做好退休的充分思想准备。

2. 培养个人兴趣爱好，策划退休后的生活。

第六章　超越自我——职场心理障碍剖析

第一节　心理障碍透视

金无足赤，人无完人，优秀和缺陷并存才是一个完整的人。如果心理障碍会使一个人感到痛苦并严重影响了他的社会适应性，应当努力去克服。至于如何克服，首先要对心理障碍进行透视，这是采取针对性措施的前提。

第一单元　心理缺陷

心理缺陷，指无法保持正常人所具备的心理调节和适应等平衡能力，心理特点明显偏离心理健康标准，但尚未达到心理疾病的程度。常见的心理缺陷有12种，如表6-1所示。

表 6-1　心理缺陷的种类及表现

种类	表现
自恋狂	有自恋狂心理障碍的人，妄自尊大、过于自负、自视过高，通常会一头撞入自毁之门
情感幼稚	以幼稚的行为引起他人的注意，如此实在是一种打击自己事业的障碍
虚幻的期望	志大才疏，对自己的才能和潜力不能做出明智的估测，对自己要求过高，只会自取灭亡
过于自卑	自卑感严重的人在自卑心作祟下，有时会做出荒诞之举以证明自己的价值，结果自取其败
报复心理	这种人易意气用事，心中常怀怨怒
喜欢出风头	寻求注意，喜欢出风头，不惜给他人留下笑料。对别人皱眉头的反应甘之若饴，喜高谈阔论
追求刺激	有些人爱走偏锋，只有在将生活的步调赶得很快，晕头转向之后，才会快乐。但只顾追求刺激常使人失去了正确判断
欺世情结	有些人总认为自己的才能不像别人想象的那样好，总担心有一天会被人揭穿真相，从而内疚深重，以致以自毁来惩罚自己
执拗多疑	心胸狭隘，整日疑神疑鬼，总在揣测别人的动机，导致周围的人对其疏远、反感和冷落
中年危机感	这种人到了中年，对工作事业都不满意，变得死气沉沉，喜怒无常，破罐破摔，消沉颓废
求败的性格	有些人的性格天生就倾向于自取其败，他们一再地自陷于受欺压、被打击的绝境，而且一筹莫展，就是眼前有退路、出口，他们还是视而不见，拒绝利用
求败的认知	缺乏自信、划地为限，总认为自己会失败，内心有错误的预期心理

现实中不乏有心理缺陷的人。我们来看看下面这个例子：

在酒店工作的小张与小蒋为同单位的同事，并同为老乡，起初两人关系较好，但自从小张被提为酒店经理部主任后，出于对工作的负责，她曾不止一次对小蒋工作上的失误提出批评。小蒋由此怀恨在心，多次私下扬言要伺机报复小张。

小蒋的举动曾引起酒店其他员工的警觉，并私下暗示小张提防，但没有引起她的重视，还多次找小蒋交换意见，希望求得小蒋的支持和理解。可是小张的好心没有唤回小蒋的良知，小蒋总认为是小张有意跟自己过不去，报复心理日渐加强，加上同为老乡的同事也对小张有意见，为此两人合谋买凶伤人。结果出钱买凶，泼硫酸，导致小张面部、胸部及左臂烧伤面积达96%以上，造成双眼失明，整个眼部只留下两个深坑，鼻子塌陷，只剩下两个小鼻孔，面部双颊，口腔两腭均不复存在……整个烧伤深度达5~20毫米。

案例中小蒋的做法，就是典型的报复心理，是一种严重的心理缺陷的表现。这种人因此付出的代价，常常是惨痛的。

单元总结与思考：

1. 存在心理缺陷，有针对性地进行运动锻炼，是纠正心理缺陷、培养健全人格的有效心理训练方法。

2. 要想使体育运动达到心理转化目的，必须有一定的强度、质量和时间要求。

第二单元　人格分裂

人格分裂是一种以观念、外貌和奇特行为以及人际关系有明显缺陷，且情感冷淡为主要特点的人格障碍。这类人一般较孤独、沉默、隐匿，不爱与人交往，不合群。既无什么朋友，也很少参加社会活动，显得与世隔绝。常做白日梦，沉溺于幻想之中。这类人对人少的工作环境尚可适应，但人员众多的单位和环境及需要交际往来的工作就很难适应了。

人格分裂是种历史上很罕见的病症，和精神分裂不一样，人格分裂是指精神上完全分裂成两个人（及以上），每种人格有自己的思想，甚至有自己的记忆，有自己的做事风格，原来的你称为主人格，因为受到刺激（很多种诱因，心理阴影，孤独等多种原因），形成另外一种人格，另外一种人格一且分裂，就成为后继人格。开始的时候会偶尔交替，发展到后面，因为这种人对现实的不满，或者他的主人格要逃避的东西，后继人格会接管他的主人格，上升为统治他的人格。事实上，这种人格有可能是某些人所向往的，或者需要的。

48岁的英国单身母亲 Kim Noble 由于小时候受到过虐待，从小就患上了一种极罕见的"多重人格分裂症"，据专家检测，她身上最多的时候曾经拥有20种不同的"人格"，后来渐渐减少并稳定在了12种左右。

2005年，Noble 听取一位艺术治疗师建议，开始学习绘画，因为绘画是一种让人放松的方式。做梦也没有想到的是，Noble 体内的12种"人格"竟然个个都是天才画家，而且每个"人格"的绘画风格都毫不相同，有的画风忧郁，有的画风明朗，有的擅长抽象画，甚至还有一个喜欢雕刻。

Noble 的每种人格还都有各自的名字，平时她经常在12种不同的"人格"之间转换角色，而每种不同的"人格"都会按自己的意图和风格创作出自己的艺术品，不会受到任何其他"人格"的影响。10个月后，Noble 就举办了自己的第一场画展，展出了她体内12个"画家"创作出来的不同画作。

人格分裂常常表现出这样一些症状：意识恍惚及意识朦胧状态；感知迟钝、运动减少，呆滞；情感淡漠、心境抑郁；睡眠障碍、类似痴呆样表现；植物神经系统症状：心悸、多汗、潮红；有轻度的自残厌世心理，貌似以一种很成熟的心态看待事物，其实是什么也不知道。

如果怀疑某人有人格分裂的倾向，可以观察他，某时是否变了一个人，比如喜好甚至做事作风的完全改变，甚至连记忆都丧失——也许这个人格会在脑海里虚构一个记忆以完整这个人格。如果怀疑自己有人格分裂的倾向，可以拜托最好的朋友观察你，因为每种人格有自己的思想；自己的主张，反正是很可怕的，感觉就是两个不同的灵魂寄居同一个身体。最开始轻微出现的时候也许不容易察觉，如果主人格够强大，那么那个分裂的人格会悄无声息的湮灭下去。但是一旦主人格衰退，那么，后继人格接管身体也只是时间问题了。

当今社会，有不少人都有轻微的人格分裂。典型的如突然地大喜、大怒，经常性地感到无聊、郁闷，都是轻微人格分裂的症状的表现。现代人们经历的高压力生活、高压力学习和高压力工作以及世界集体化、合作化、知识爆炸化导致越来越降低个人的作用，都会使部分人或多或少的在某时某刻产生人格分裂的表现。

这些现象尽管是难以避免的，就如社会的发展有其两面性一样，但不可不知的是，大部分轻微或者轻微以下的患者从某种意义上说是可以自行治愈的。

单元总结与思考：

1. 人格分裂和儿童期的创伤有着密切联系。

2. 当感觉和知觉处于极度痛苦时，我们会失去认知能力，人格分裂的情况会自发地产生。

第三单元　职场焦虑

职场焦虑分别来自于工作、人际、家庭以及自身职业发展4个方面。经过专家统计分析，对自身职业发展产生疑虑的职场人占到年底职场焦虑人群的73%。可见，自身职业发展的不确定性是年底职场焦虑的主要因素之一。

事实上，不管焦虑来自工作、生活、人际关系还是我们自身，它只是一种情感的表现。

一是选择性焦虑。工作、学习、生活中，面临太多选择，人生几乎所有精力都在选择、判断、等待中蹉跎，表现为犹豫、烦恼、纠结、焦躁。

二是成功性焦虑。急着涨薪、升职、成功，人生又急不来、求之不得、形成纠结，折磨着每个有梦想的人，主要表现为急躁、慌乱、臆想。来看下面的一个例子：

任先生在一家国企工作，已经5年了，总是原地不动，他自以为能力很强，人缘也不错，平时任劳任怨，和领导关系挺好，就是不明白为什么每次晋升没有他，项目的管理岗位已经被他盯了很久了。

在年底，正逢企业内部调整前夕，他愁眉苦脸地说，如果这次晋升再没有自己的机会，真就不想干了。当别人问他你觉得晋升需要什么条件时，他似乎很清楚：就是业务能力强、擅长管理、人际关系好呗。再问他那你的能力怎么样时，他说我的业务能力在我们项目组是第一的。通过了解，问他的这个人给他支一招：你可以做一个职业访谈，利用和领导接触的机会，侧面了解一下，你想要晋升的岗位要求是不是像你想的那样？

几天后，任先生通过领导了解了情况，原来正是因为自己业务能力太强，领导才不会把自己放在管理岗位上，而且还准备送自己去进修。现在他明白了原因，决定走业务路线，将来的目标是总工。

三是高薪空虚症。这是一类典型的职场病症，拥有高收入，出入高档写字楼，外表光鲜，但不少人有了钱却感受不到成功，反而生出更多恐慌和疑虑，缺乏安全感、内心空虚。这是由于内心诉求得不到满足，一面高薪，一面贫困。来看下面的一个例子：

宗小姐在金融机构做投资业务，研究生毕业以后就入行，工作四年之后已经是公司的中坚力量了。但是她抱怨说，工作辛苦得很，总有出差，一年中一半的时间都在空中飞，加不完的班，这样的工作强度让她身体处于亚健康状态，30岁了，婚姻问题还没有解决。有时候，深夜从公司出来打车回家，她就在想：工作到底为了什么？

其实，一个人有多个角色，不仅是工作者，还有自我角色、家庭的角色和朋友的角色，在不同阶段，角色的比例会有不同。刚开始工作的那个阶段，可能需要积蓄经验、积蓄经济、积蓄人脉。随着自己事业的发展，就应该发现并发展更适合自己发展的路径，为下一个阶段做好准备。生涯，绝不仅仅是职业；生活，也绝不仅仅是工作。

四是办公室抱怨综合征。对工作没有激情、热情，却满腹牢骚、心理阴郁、相互抱怨、职业倦怠，形成负面情绪，这些病症挥之不去，就会出现亚健康状态。精神萎靡、精力不够，各种小病痛挥之不去，过劳死缠身，这就需要调整、休息、运动、放松、放慢了！

焦虑，是万恶之源，首先它可能诱发神经症，包括疑病症、心境恶劣、恐惧症、强迫症甚至癔病症等。而对年轻人来说，长期过度焦虑则危害更大。那些20多岁的人，往往人格已初步成型，但又具有很大的不稳定性，在遭受重大挫折或某段时间过度疲劳后，可能会因此导致其人格扭曲，出现理性、智慧水平下降，工作、思考能力下滑等情况。而人格改变后要进行调整、治疗是相当困难的。

伴随着焦虑，必然会引起工作效率的明显下降，原因是注意力无法集中、精力减退、思维混乱、理不出头绪、静不下心等。严重者可能出现身体的反应，例如手脚出汗、胸闷、动不动就想小便等。

单元总结与思考：

1. 保证充足的睡眠，自然而然地会忘掉一些烦心的事情，可以舒缓焦虑情绪。

2. 调节自己的身心，让自己积极乐观起来。

3. 向家人或是亲友倾诉内心的苦衷和烦恼，改变满足心理需要的方式，寻找新的精神寄托途径。

第四单元　抑郁症状

抑郁症是躁狂抑郁症的一种发作形式，以情感低落、思维迟缓、言语动作减少以及迟缓为典型症状。抑郁症严重困扰患者会给家庭和社会带来沉重的负担，约15%的抑郁症患者死于自杀。

著名节目主持人崔永元曾经说："我得了很严重的抑郁症，特别严重的那种。我很清楚对于这样的患者来说，想到要离开人世的时候是特别快乐的，但这是两年前的事情了。这两年我一直在与医生配合，接受治疗。谈这个问题其实应该很忌讳，这是个人隐私，但我注意到，社会上现在对这种病不了解，认为这没什么，就是小心眼、想不开，其实这的确是一种病。"

1999年，国内电视媒体纷纷效仿崔永元的《实话实说》节目形式，逐步导致全国电视观众对《实话实说》电视节目的要求不断提升。但该节目的收视率慢慢下降后，尽管崔永元已经使出浑身解数，依然未能稳固住收视率，这让崔永元感觉到前所未有的焦虑和危机！当时，崔永元紧张焦虑的精神状态已经影响到父母和妻子，让他们非常担心！到2001年，沉重的工作压力导致崔永元已经从睡眠障碍发展到严重的精神抑郁症，而过多服用镇静类药物后，他的身体已经产生了抗体！用崔永元的话说，"那是他一生中最痛苦的岁月"，而这种痛苦也严重影响着他的家人。当时精神紧张焦虑的崔永元，已经难以集中精力面对工作，甚至他在跟两位嘉宾做学术层面交流节目时，精神恍惚的崔永元竟然多次忘记对方刚刚说过的话！

当时，崔永元已经接近精神崩溃而无法正常工作，无奈之下，父母强迫儿子暂时离开工作岗位。随后，崔永元在父母的陪伴下，邀请了北京的著名心理医生为他进行了详细的心理检测。之后，医生确诊并告诉崔永元父母：崔永元是由于精神压力过大，同时对人生的期望值偏高，所以形成了情绪焦虑和心理恐慌，医学上将这种病称之为"情绪抑郁病症"，这种病甚至有可能导致精神分裂而自杀的后果！

在崔永元公布自己得了抑郁症后，崔永元成了抑郁症的"代言人"。人们在关心崔永元健康状况的同时，不禁要问：这样一个诙谐幽默能为别人带来快乐的人怎么会得抑郁症呢？到底什么是抑郁症？怎样才能远离抑郁症？

怎样自我调节抑郁症？

抑郁症临床主要表现为情感低落、思维缓慢和语言动作减少与迟缓等"三低症状"：一是情感低落。常表现为愁眉不展，心烦意乱，自我评价过低，自责或有内疚感，对前途悲观失望，反复出现想死的念头或有自杀、自伤行为，情感低落有昼重夜轻的特点。二是思维缓慢。表现为思维迟缓、联想困难，自觉思考能力下降，对刺激反应迟钝，注意力集中困难，记忆力减退。三是语言动作减少与迟缓。表现为语言少、声音低，经常独坐一处不与他人交往，爱好和生活乐趣丧失，精力减退、疲乏，走路时行动缓慢，严重时可以达到不吃不喝、不言不动的抑郁性僵化的程度。

此外，抑郁发作时还可能出现恶心、心悸、胸闷、出汗等躯体症状，男性病人可出现阳痿，女性病人则出现性感缺失或闭经。同时，还会有失眠、早醒或睡眠过多、食欲降低、体重明显减轻等症状。

有人对抑郁症患者追踪 10 年的研究发现，有 75% ~ 80% 的患者多次复发，故抑郁症患者需要进行预防性治疗。发作 3 次以上应长期治疗，甚至终身服药。维持治疗药物的剂量多数学者认为应与治疗剂量相同，还应定期门诊随访观察。心理治疗和社会支持系统对预防本病复发也有非常重要的作用，应尽可能解除或减轻患者过重的心理负担和压力，帮助患者解决生活和工作中的实际困难及问题，提高患者应对能力，并积极为其创造良好的环境，以防复发。

在抑郁症的日常护理中，要注意保持心情舒畅，有乐观豁达的精神、坚强战胜疾病的信心。注意保持充足的睡眠，避免过度劳累，注意劳逸结合，注意生活的规律性。饮食应注意多服用清淡富于营养食物，注意膳食平衡，忌辛辣刺激食物。多吃新鲜的蔬菜和水果，多吃提高免疫力的食物，以提高机体抗病能力。

单元总结与思考：

1. 坚持锻炼，特别是早晨锻炼，很多抑郁症患者有行动迟缓、懒惰的状况，这种状况长期持续不仅会严重损害身体机能，更会加重抑郁症患者消极、负面的情绪。

2. 做自己喜欢的事情，比如和朋友经常出去逛街，多去外边走走。但是只要坚持一段时间后，负面的情绪感受就会被外部环境慢慢消融，你的自信心就会重燃起来。

3. 多阅读一些心理学、哲学，包括道家、佛学方面的书籍，可以提高我们的智慧，让我们对自身、对生命有更深刻的认识，超越过去的思想局限。

第二节　悦纳自我

悦纳自我是心理健康的表现。当你快乐地接受了自己，你的整个心胸便会舒展和开阔，同时你会发现，你也更加容易接受他人了。良好的自我悦纳可以有效缓解发展中的矛盾冲突，使个体得到健康发展。马斯洛的需要理论认为：人有自尊的需要，这是仅次于自我实现需要的第二高层次的需要。自我悦纳即产生高自尊。

第一单元　花有百样红，你我各不同

人是利益动物，趋利避害，很难免俗。在职场里更是如此，明处有竞争机制，暗地里藏着微妙的人事纠葛。特别是当彼此是"战略对手"的时候，一个员工很难去欣赏另外一个员工，自然就会出现"文人相轻"的现象，不是通力合作，而是互不欣赏，甚至互相拆台。

去过庙的人都知道，一进庙门，首先是弥勒佛，笑脸迎客，而在他的背面，则是黑口黑脸的韦陀。但相传在很久以前，他们并不在同一个庙里，而是分别掌管不同的庙。弥勒佛热情快乐，所以来的人非常多，但他什么都不在乎，丢三落四，无法好好地管理账务，所以总是入不敷出。而韦陀虽然管账是一把好手，但成天阴着个脸，像所有的人都"欠了他的谷子还了他的糠"似的，搞得人越来越少，最后香火断绝。

据说佛祖在查香火的时候发现了这个问题，就将他们俩放在同一个庙里，由弥勒佛负责公关，笑迎八方客，于是香火大旺。而韦陀铁面无私，锱铢必较，因此让他负责财务，一丝不苟。在两人的分工合作下，庙里一派欣欣向荣的景象。

人无完人，当然每个人都不可能一无是处。身在职场，要学会欣赏他人，充分发扬每个人的长处，扬长避短，资源共享，形成合力，才能取得"1＋1＞2"的效果。民间也有一则寓言，说眼、耳、口、鼻争功，互不服气，不相配合，结果一事无成，也说明眼、耳、口、鼻各司其职，各有其功，不可缺少，不可替代。寓言讽刺了那种不安其位的人与事。

在职场中，员工间应当各司其职、各安其位。在一个企业的系统中，每一个员工都处于特定的地位，发挥其特定的作用，如此构成一定的和谐关系，每个人相互间不可替代，各自的地位、作用也既不可过，也不可不及。各安其位，是就各个员工而言。要维持各司其职的秩序，就要求各部分各安其位。如同乐队演奏，各种乐器、各个声部有主有次，每一局部都需服从总体的要求，不顾总体要求，竞相突出自己，必定破坏和谐，成为噪声。

各司其职，各安其位，是一个问题的两面，各司其职是各安其位的基础，各安其位又是保持稳定秩序、各司其职的条件。两者从不同方面反映了一个要求：摆正每一个员工在企业中的位置。这一要求又集中体现在一个"中"字上，就是无过无不及，一切适度。中是和的基础和条件，各个因素、各个成分、各个局部都适度，才有总体的和。各司其职，各安其位，就是要做到无过无不及。不及，则不得其所，不安其位，则过，亦失其所。无过无不及，才能各司其职，各安其位，达到中和。

单元总结与思考：

1. 有了分工必须有协作，有了协作才能体现整体的团结互助、相互支持的互助精神。

2. 处理好分工与协作的关系，必须以上下左右精诚团结为前提。

第二单元　天生我材必有用

人们常说"人贵有自知之明"，那就是既不高估自己也不看低自己。认识到这一点容易，但要做到这一点，却非人人能及。

正确的自我意识是提高心理素质的重要前提。可以说，认识自我是良好心理素质的体现，也是心理健康的标志。我们中间很多人存在的问题，其实是不能正确认识自我的问题。他们表现得要么过度地否定自我、盲目从众，要么过度地自以为是、以自我为中心。所以，摆在大家面前的一个重要的课题就是，如何正确地认识自我、悦纳自我、完善自我。

先说说认识自我。美国心理学家约翰和哈里提出的关于人自我认知的窗口理论非常值得我们学习。他们认为，我们每个人的自我都有四个部分：即公开的自我、盲目的自我、秘密的自我和未知的自我。我们在认识自我的过程中，如果可以通过与他人分享秘密的我，通过他人的反馈减少盲目的我，我们对自己的认识就可以更全面、更客观。所以，在认识自我的过程中，对自己持一种开放的心态，敢于在人前展示自我，敢于与人分享内心的秘密，是我们认识自我的重要一步。

"认识自己"，是西方古典哲学的经典命题之一，被刻在了太阳神阿波罗神殿的石柱上。对于人的自我认知，西方现代哲学的开创者、19世纪的德国著名哲学家尼采曾经说过："聪明的人只要能认识自己，便什么也不会失去。"正确认识自己，才能充满自信，才能使人生的航船不迷失方向；正确认识自己，才能正确确定人生的奋斗目标。只有有了正确的人生目标并充满自信地为之奋斗，才能此生无憾，即使不成功，自己也会无怨无悔。

不能正确地批评自己、做好定位，朝着正确的方向前进，是人成功道路上一堵阻隔的墙。正确的做法应该是正确认识自己，找准人生的坐标，并改变错误的思维模式。

再说说悦纳自我。在现实生活中，有很多人对自己的生理自我不认同，认为自己皮肤不够白、眼睛不够大、个子不够高、身材不够好等。如果我们对自己的生理自我都不能够认同，那么我们又如何能有一颗认同他人的心呢？请站在镜子前，发现自己独特的优点：虽然我的皮肤不够白，但它很光滑；虽然我的眼睛不够大，但我的五官很协调；虽然我的个子不够高，但我的身体很好；虽然我的身材不够好，但是很健康……请学着接受自己，学着对自己说："我就是我，我是独一无二的我，我喜欢我。"

悦纳自我，对于正确的自我评价非常重要。

有一个狐狸觅食的故事。狐狸欣赏着自己在晨曦中的身影说："今天我要用一只骆驼做午餐呢！"整个上午，它奔波着，寻找骆驼。但当正午的太阳照在它的头顶时，它再次看了一眼自己的身影，于是说："一只老鼠也就够了。"狐狸之所以犯了两次相同的错误，与它选择"晨曦"和"正午的阳光"作为镜子有关。晨曦不负责任地拉长了它的身影，使它错误地认为自己就是万兽之王，并且力大无穷无所不能；而正午的阳光又让它对着自己缩小了的身影忍不住妄自菲薄。

这只狐狸与现实生活中的很多人十分相似。他们对自己的认识不足，过分强调某种能力或者无凭无据承认无能。这种情况下，千万别忘了上帝为我们准备了另外一块镜子，这块镜子就是"反躬自省"4个字，它可以照见落在心灵上的尘埃，提醒我们"时时勤拂拭"，使我们认识真实的自己。

希望我们都能无条件地接受自己的一切：好的和坏的、成功的和失败的。我们既要接纳自己的优点，也要接纳自己的缺点和不足。特别是那些缺点和不足，我们更要视其为自己的一部分。如果我天生肥胖，我就不能痛恨肥胖，要认为肥胖也有其风韵；如果我天生视力有缺陷，就要认同佩戴眼镜的方式；如果我天生内向，就要认同内向也有其优势。只有认同了自己、接纳了自己，我们才可能对生活充满信心和热情。

最后说说完善自我。认识自我、悦纳自我，并非对自我不足的地方就听之任之，而是为了更好地完善自我。当我们认识到自己不足的地方时，我们就可以积极地加以改变。因为每个人需要完善的地方不同，以下，仅以克服自卑、树立信心为例。

首先，最重要的一点，就是目光长远一些，不要拘泥于眼前的小事。这样你就会发现，天地是那么的宽广。我们的周围有很多友好的人，有很多值得去参与的事情，如此一来，小小的自卑也就淡然了。

其次，要明确对自己自卑的内容，其实是你自己的想象，也许周围的人根本就没有注意到。如果你因为稍微有些胖而自卑，你可以放眼望去，比你胖的人多的是，特别是在外国，肥胖的人比比皆是。对肥胖有所认识之后，你就可以通过锻炼身体等方式而积极加以改善。

最后，我们要多多与人交流、多多参加实践。这是一条放之四海而皆准的原则。如果你能在集体活动中，在与人交流的过程中，积极地参与，你会发现，以前自卑的自己其实也可以挺开朗的，你就可以收获满满的自信了。更具体地，你可以为自己列出一些近期加以实施的行动，如主动大声地与人打招呼、微笑、练习当众发言等。

┌───┐
　单元总结与思考：

　　1. 我们每一个人的价值都是绝对的，应坚持自己的价值，接纳
自己，磨砺自己。

　　2. 给自己成长的空间，我们每个人都能成为"无价之宝"。
└───┘

第三单元　对不起，我错了

　　古希腊著名的思想家苏格拉底曾经说过："没有经过反省的生命，是不值得活下去的。"因此，经常反省和检查自己可以避免偏离正道。其实，人人都可以养成认错的习惯。美国总统亚伯拉罕·林肯说过："我相信自己决不至于老到在没有说话时仍能大言不惭。"正是他这样的性格赢得了共事者的尊敬和亲善。

　　一个人犯了错误没什么大不了，而不敢承认错误才是最大的悲哀。我们每个人都会犯错。有时是忘了该做的事，比如司机没检查车辆就进驾驶室开车，餐厅工作人员突然在餐厅跌倒等，有时出点错是人性的一部分，而且犯错也是学习过程的一部分。重要的是，我们怎么样处理错误。

　　戴尔·卡内基是一个几乎懂得把所有事做对的人，但他也未能避免犯错。当时他住宅旁边有一片林木茂密的公园，他很喜欢在公园里遛他的斗牛犬。听起来应该不会有问题，对吗？只有一点小问题：在公园里遛狗必须拴上狗链。卡内基也不是不知道，因为他曾经被警察逮到过，而且还被严重警告，一定要给狗拴上链子。可是卡内基心里认为他的狗伤不了任何人，这条规定本来就没有道理。所以，他总是让狗随意奔跑。

　　有一天，戴尔·卡内基先生又碰到了同一个警察。不过，他以高超的方式处理了这件事。他立刻走上前去，就在警察有机会读出规定之前，向他道

歉。他承认这样做是不合法的，他没有任何借口，他也了解警察有责任开罚单给他。后来发生了什么事呢？警察瞄了他和狗一眼，说道："嗯，如果你们两个走在这座小山的另一边，不要让我看到，我可以假装这件事从来没有发生。"结果警察没有罚他。

为什么会这样呢？因为就像同意对方可以避免争执一样，向他人承认你的错误，也避免了对方证明你不对的需要。如果戴尔·卡内基笨到去跟警察争辩，就会知道警察会毫不迟疑地开罚单，或以更严重的结果来证明他有罪。后来，戴尔·卡内基曾这么说过："你的错误，得到宽恕以致大事化小的机会，是一百比一。"

反省是认识自己的秘方。老实说，每一个人每天都应该抽出一段时间站在镜子面前，平心静气地反省自己一天的作为，这样才能有所收获，从而不虚度年华。

在工作中更是如此，如果我们能以积极的态度对待错误，尽量去改正错误，那么，事情往往比我们预想的结果要好得多。因此，当我们犯错误的时候，不要去想如何隐瞒错误，而应该承认错误、担负责任。只要将责任意识深植于内心，我们就会少犯错误。

承认错误，担负责任是需要有勇气的。但是，错一次不算什么，不要一直错下去就好。然而很多员工犯了错误，事后往往会找寻各式各样的借口，试图逃避自己应该承担的责任。当你犯错的时候，不要总想着如何隐瞒错误或推卸责任，勇敢地承认错误并在有效的时间内弥补自己的过错，才能把错误造成的负面影响降到最低点。

如果你隐瞒了错误，那么你很有可能会第二次犯同样的错误并能够再次找到更好的借口。这样的员工老板会信任和提拔吗？当然不会！我们应在错误开始的时候就勇敢地面对错误，承担责任。这样你才会吸取教训，从失败中学习和成长。任何一个老板都喜欢敢于承认错误、勇于承担责任的人。无论你做错了什么，只要敢于承认错误，承担责任，采取措施弥补，你还是可以成功的。让我们勇敢地面对错误，让自己变得无懈可击。

人要承认自己的错误是不容易的事，工作中常常被别人质疑，自己立刻像个刺猬，竖起全部的刺迎接战斗，其实，完全没有必要这样。更多的时候，别人那样工作是流程的需要，如果管理者违反了流程，当然需要改正；自己的员工错了，当然也同样是自己的错误，躲避是不自信的方式，于公于私都没有好处。

承认错误、承担责任，是每一个员工应尽的义务。不要怕把你的缺点展现给别人，正确地对待错误也是做人应该具备的最起码的品德。

> **单元总结与思考：**
>
> 　　1. 敢于承认自己的错误，直面缺点，就没有过不去的坎，没有解决不了的困难，因为这已经从源头解决了问题。
>
> 　　2. 做错了就有责任去承担，不要逃避，生活中肯定会有失误。承认错误、勇于改过，是员工对工作有正确认识的行为。

第四单元　原谅他人，宽恕自己

当我们不能宽恕别人、不能宽恕自己的时候，一定想想，别人已经是拼尽全身的智慧和知识、能力、才华才做到这个程度上的，我们不要强人所难了。再想想你自己，你也是尽了全力才做到现在这个程度上的，不要看不起自己了。你已经尽力了，不要和别人不断地比较了，因为以你的智慧、思维、阅历、知识，你也只能做到这个程度上了。

原谅他人的过错并不是轻易就能做到的，它是人生难得的佳境，是一种需要操练、需要修行才能达到的从容、超然和成熟。原谅之所以困难，是因为我们都认为，每个人都应该为自己所犯的错误付出代价，这样才符合公平正义的原则，否则岂不便宜了犯错误的一方？但是，不宽恕会产生什么结果呢？会痛苦、埋怨、憎恶、报复，而这对自己又有什么好处呢？在怨恨中，没有人是赢家，让怒气长期在胸中燃烧，只会灼伤自己，为别人的过错耿耿于怀，只会让自己陷入久久不能释怀的挣扎。只有当我们原谅了别人的过失，才会解开心锁，释放自己。原谅，就是抛开心中的怨、恨、不满、不甘，就是一种慈悲、一种解脱。

仙崖禅师曾经收过一个贪玩的徒弟，他耐不住寺院的寂寞，常常在傍晚时分趁着禅师不注意偷偷溜出院子去玩，天快亮的时候再悄无声息地溜回来。

有一天傍晚，他在后院的高墙下又架起一张高脚凳，翻墙溜出去了。正在院子里散步的仙崖禅师忽然发现了墙角边的这张凳子，就知道有人违规越墙出去闲逛了，但禅师并没有动怒，而是走到墙边，将凳子搬到一边，就地而蹲，等待溜出去的徒弟归来。

夜深人静的时候，禅师的那位徒弟尽兴归来，不知道墙下的凳子已被搬走，黑暗中踩着禅师的脊背跳进了院子。当他双脚落地的时候，才发现刚才自己踩的不是凳子，而是自己的师傅，顿时吓得魂飞魄散，一动不动地矗立在那里，连大气都不敢喘一口。

但是，令徒弟没有想到的是，师傅并没有厉声责备他，反而关心地说："夜深天凉，快去多穿一件衣服。"

徒弟回到住处，坐卧不宁，翻来覆去睡不着觉，生怕第二天师傅会当着所有学僧的面批评他一顿。但是这件事一天天过去了，师傅从来没有再提到过此事，也没有第三个人知道。徒弟这才渐渐恢复了内心的平静，并为此感到深深自责。从此，他再也没有偷偷溜出去玩耍，而是一心一意跟随师傅学习本领，最终成为一代深有造诣的高僧。

仙崖禅师对徒弟的过错并没有纠正，而是通过宽容、原谅的方式，让徒弟自己教育自己、自我改过，这比一味地批评指责更能达到育人的效果。

宽恕别人的最高境界，莫过于一个人得罪了你，你不但不跟他计较、不向他报复，反而原谅他、宽恕他，必要时还去帮助他。当一个人用宽恕的修养把敌人转化为朋友，当一个人用宽容的美德换来自身心灵的豁达时，难道他不是把最好的东西留给了自己吗？

金无足赤，人无完人。每个人在一生中都要面对很多事情，任何人不可能把所有的事情都做得完美。犯错是平凡的，原谅是一种超凡。宽恕是人类的一种美德。宽恕的本身，除了减轻对方的痛苦之外，事实上是在升华自己。因为当我们宽恕别人的时候，我们反而能得到真正的快乐。假如我们看别人不顺眼，对别人的行为不满意，那么，痛苦的不是别人，而是自己。

总之，唯有懂得宽恕别人，才能得到真正的快乐。犯错有时是他人犯错，生气就是自己犯错，生身边亲人的气就是犯大错。原谅是快乐的开始，人生或许需要我们一步一步顿悟，一步一步升华。因此，快乐要先学习从原谅别人而来，宽恕是升华自己的本源，两者相辅相成，若能如实地运用在生活当中，那么，就是一个快乐、智慧的人。

单元总结与思考：

1. 生活中的矛盾需要我们用宽恕心去化解，原谅的受益者不仅仅是被宽恕者，还有宽恕者自己。一个懂得包容、懂得宽恕别人的人，到处可以契机应缘，和谐圆满。

2. 原谅别人、宽恕自己，因为伤害你的人和你一样，已经尽力了。他们在他们的思维、心理、智慧、能力、知识所及范围内已经是尽力了。

第三节　重塑自我

人要想被现在所处的世界所接受，必须要重塑自己，不断适应新的环境，不停学习，努力提高自己的科学知识水平，注重自己各方面的修养，增强自己承受挫折的能力，增强自信，不骄不躁，心平气和地处理问题，积极地看待发展中的社会。

第一单元　职场新形象

任何单位要培养一个人，首先都会综合评估一下：这个人到底值不值得培养？会不会费半天劲，人没培养出来，反倒给单位造成损失。所以在职场要想获得发展，赢得一个值得单位培养的印象很重要。毕竟，这个世界并不缺少卓尔不群的人，而是缺少能与公司共命运的人。

一个人的职场生涯，占据了生命的一大段时间。同时随着社会竞争的日益激烈，许多公司的员工被推到了风口浪尖，毫不夸张地讲，工作已经成为个人"安身立命"的重要途径。而要想让自己成为公司离不开的人才，就必须努力使自己成为一名核心员工，在职场树立一个全新的自我形象。

有位企业经理讲过这样一件事情："有一回，我同某销售公司经理共进午餐。每当有漂亮的女服务员走到我们桌子旁边，他总是目送她走出餐厅。我对此感到很气愤，我感到自己受到了侮辱。心里暗想，在他看来，女服务员的两条腿比我要对他讲的话更重要。他并没有听我讲话，他简直不把我放在眼里。这样的人居然是一家公司的销售经理，看来这家公司的整体素质的确不怎么样。"于是，这位经理取消了和这家公司的合作。

任何企业都有一个属于自己的独特形象，或卓越优异，或平凡普通；或真善美，或假恶丑；或美名远扬，或默默无闻……良好的企业形象可以使企业在市场竞争中处于有利地位，受益无穷；而平庸乃至恶劣的企业形象无疑会使企业在生产经营中举步维艰，贻害无穷。企业形象不仅靠企业各项硬件设施建设和软件条件开发，更要靠每一位员工从自身做起，塑造良好的自身形象。因为，员工的一言一行直接影响企业的外在形象，员工的综合素质就是企业形象的一种表现形式。

员工走出公司的一举一动，无不在外人的眼中影响着企业的形象，员工的形象也就是企业的形象。特别是在客户的眼里，员工给客户自信的感觉犹如企业给客户公司实力的感觉，员工的谈吐影响着企业的信誉。如果员工在与客户沟通的时候满口脏话，客户对这个员工所讲的话就会产生一半的怀疑，客户可能对企业另有看法。

如果客户说，你们公司管理很差，而员工也跟着说"是啊，我也觉得难受"。然后客户就说，那就暂时不合作了。员工如果说"其实不是这样的，我想您是不太了解我们公司，了解后您一定会欣赏我们公司的"。两个不同的回答，即使客户对企业的印象是真实的，前一个回答会使公司形象更糟，而后一个回答则能挽回一定的形象。可能客户以前的确对这个公司有误解。而通过这个员工维护企业的形象，则能抹去过去给客户留下的不良印象。一个员工如果没有维护企业形象的意识，他肯定是一名不合格的员工。

作为企业的一名员工，不管走到哪里，都始终要记得自己是什么公司的，记得维护公司的形象，这是作为公司员工的基本职业道德。如果四处毁谤企业，挖空心思讽刺企业的管理人员，那么在智者看来，不仅该职员素质低下，更证明了该职员眼光太差。如此不值一提的企业，试问你怎么选择了这种企业作为就业对象。

由此可知，只有企业发展了，员工的工资待遇才能更上一层楼；只有企业的社会声誉提高了，员工走在大街时才会有一种荣誉感。身为企业职工，要时时处处关心企业发展和企业发展的重大方针、政策，遇到什么问题该找哪个部门协调等，这些都是我们员工应该关心的问题。只有员工了解了企业，才能为企业发展出谋划策，才能与企业同荣共辱。

> **单元总结与思考：**
>
> 1. 提高员工的整体素质，让员工认识形象塑造的重要性和方法，自觉成为商务组织形象的塑造者和代表者。
>
> 2. 扎实抓好员工道德素质教育，并注意与宣传企业精神、塑造企业形象相结合。
>
> 3. 鼓励员工建立高尚的情操、进取的精神和健康的价值观，让组织具有蓬勃向上的活力。
>
> 4. 创造公平竞争的良好环境，促进优秀员工脱颖而出。

第二单元　积极的思维

我们的思想创造了现实，所以我们应该做的是，要在头脑中为自己设想出一个积极和幸福的未来，这样，美好的未来才有可能到来。

在现实生活中，我们经常会对自己产生一些消极的想法。比如，当我们站在镜子前，认为今天看起来太胖了，或者看上去自己开始变老了。我们都有过类似的想法，却没有意识到这些负面的思维会对我们的生活、工作造成多大的伤害。事实上，我们把自己说的、想的越是糟糕，就越是在头脑里给负面思维大开方便之门。

从心理学上来讲，人的潜意识会告诉你，你的未来美好与否，和你当下内心的想法有很大关系。如果你认为自己没资格获得想象中的成功和幸福，那么你就无法达到你的目标，也无法完美地实现你的最终梦想。

不同的人想法不同，这些想法有些是正面的，有些是负面的。那么我们怎样才能去掉负面思维，在大脑里给自己建立正面的思维呢？

从改变自己，从改变思维方式开始。比如我们站在镜子前面的时候，先要知道自己都有哪些想法。闭上眼睛一分钟，把所有那些陈旧的负面思维集中起来，想象着把它们写在一块黑板上，摆在你面前，然后想象你拿着一块板擦，一点点地把这些负面思维全部擦除干净。

当我们学会在生活中做出积极改变后，我们就会在大脑中建立起一种积极的思维方式。当然这不是说给自己确定一个可望而不可及的目标，那样做只能让大脑感到难以承受，进而关闭智慧的大门。

比如对一台新机器的掌握，你把自己的学习任务定为每个星期只熟悉它的 10 个零部件，一个星期后，你就真的学会了这 10 个零部件，这样你会为自己感到骄傲，从而增加你以后的学习信心。你会继续以每星期 10 个零部件的速度学习，然后有一天，你会忽然发现自己已经掌握了新机器的全部零部件，在几个月前你还觉得这是件不可能的事情。

积极的思维能把坏的事情变好，消极的思维却能把好的事情变坏。一个人在遇到压力、挫折、失败和突发事件时的心理承受能力非常重要。在逆境中仍能保持热情和毅力，具有坚忍不拔、勇于探索精神的人才会最终到达成功的彼岸。

在成功者的眼里，失败不只是暂时的挫折，失败还是一次机会，它说明你还存在某种不足和欠缺，找到它，补上这个缺口，你就增长了一些经验、能力和智慧，也就离成功更近了一步。失败者之所以失败，最重要的原因就在于他缺乏一种韧性和勇气，一遇挫折就打退堂鼓。在人生的道路上，真正的敌人不是失败而是自己。世界上真正的失败只有一种，那就是失去了信心而轻易放弃。一个成功者，除了要具备广博的知识和各方面的才能外，还必须有健康的心理素质和良好的意志品格。

许许多多成功人士的经历告诉我们，百折不挠的顽强意志和毅力、积极的思维是成功者必须具有的素质。那么，我们该如何培养积极的思维方式和思维习惯？下面这些建议应该作为你的指导：

言行举止像你希望成为的那样；要心怀必胜、积极的想法；用美好的感觉、信心与目标去影响别人；使你遇到的每一个同事、领导都感到自己重要、被人需要；对人对事，心存感激；学会称赞别人；学会微笑；寻找最佳的新观念；不要计较鸡毛蒜皮的小事；培养一种奉献的精神；永远也不要消极地认为什么工作是做不来的；培养乐观精神；经常激励自己，相信自己能够做到。所有这些建议，其实你都能做到的！

所谓"种瓜得瓜，种豆得豆"。思维模式和价值观决定行为，而原则决定结果。持有主动积极、符合原则的思维模式，未来之树必定枝繁叶茂；种下被动消极、有违原则的种子，收到的只能是苦果。思维模式，决定了我们的人生。

单元总结与思考：

1. 积极≠成功学，积极思维方式不意味着心想事成，而是努力成为真实的自我，成就最好的自己。

2. 积极≠没有消极，而是积极地面对消极事件，学会与之和谐相处。

第三单元　健康的身心

身心健康主要包括了员工个人、工作、生活中三个相互关联的方面。正向、积极健康的身心可以概括为三项：生理健康包括身体健康、有活力、有精力等；心理健康包括抗压力强、不焦虑、内在满意度高、有成就感、乐观、自信、有控制力、有安全感等；社会健康包括工作关系融洽以及工作和个人生活的平衡、平等、公平、尊重等。

在新的形势下，怎样确保员工的心理安全和健康始终处于最佳状态，最大限度调动员工的积极性和创造性，加快经济发展方式转变，实现企业又好又快发展呢？应该从以下几个方面入手。

一是加强教育培养。具体着眼于以下三个方面，如表6-2所示。

表6-2 加强员工身心健康教育培养的着眼点

着眼点	工作内容
宣传教育	通过多种形式和途径，加强政治理论、理想信念、企业文化、改革开放、形势任务、安全生产、市场竞争、先进典型等方面的宣传教育，帮助员工消除理论上的困惑、思想上的疑虑、认识上的误区，引导员工积极主动地投身于改革与发展的潮流中，为实现企业又好又快发展奠定坚实的思想基础
培训与疏导	认真分析员工在人际沟通中出现心理问题的原因和表现形式，合理地选择培训的类型和方法，加强员工心理素质的培养和训练，疏导员工不必要的心理负担和压力，提高员工沟通减压能力和工作自信心，解决人际沟通给员工带来的心理问题，缓解员工因工作不适应而形成的压力，减少员工心理焦虑的发生，调动员工的积极性和创造性，为实现企业又好又快发展贡献智慧和力量。通过集中培训、技能竞赛、学历教育等多种有效途径，提高员工的技术业务和科学文化素质，彻底解决员工心理障碍的根源，不断提高员工的适应能力，适应形势的快速发展
普及心理健康教育	借助各种宣传载体和辅导培训等形式，在员工中普及心理健康教育，使大家掌握心理学的理论，提高待人处事能力和个性心理品质，从而促进自我成长和自我完善，不断树立正确的自我意识、良好的情绪特征、坚强的意识品质、较高的奋斗目标、和谐相处的交往能力和创新进取、自强不息的人生态度，并且要懂得进行自我控制、自我调整，尽可能做到适度克制自己的个人情绪欲望，杜绝不切实际的欲望滋长蔓延。通过举办健康知识讲座，对员工进行"自我身心调适"教育，教育员工保证足够的休息时间和高度重视饮食起居，保持健康的心态，注重身体精力的"休养生息"和心理情绪的平衡调节

二是讲究方式方法。不妨采取以下五种方法，如表6-3所示。

表6-3 对身心健康养成的方式方法

方法	实施要点
正确自我认知	正确评价自己，不要过高要求自己。正确认识自己、评价自己是个性发展的重要前提之一。对自己的认识、评价是在个人成长过程中逐渐培养起来的。对自己有正确的认识，做自己可以胜任的事情，对自己有个合理的预期和评价。从多维度审视自己，建立自我同一性。由于自我意识具有复杂性与多维性，青年需要在多向度中审视自我、调整自我，寻找自我意识的统一点，整合自我意识，向理想自我靠近
培养独立人格	培养独立的人格，减少他人评价的影响。认识自己的价值，明确应该坚持什么、反对什么，有明确的是非界限，且不能人云亦云，不要被周围人所左右
积极沟通交流	与人交流沟通，及时倾诉自己感受到的无助和不快。交流是释放压力的有效途径，交流的过程也是自我反思的过程。通过与他人交谈，获取心理支持，增强自信心
利用各种社会支持	任何心理成熟的独立的现代人，都需要他人的帮助，广泛的社会支持是缓解压力不可或缺的途径。家人是社会支持网络的重要组成部分。此外，平时需注意扩大自己的交际范围，从没有利益冲突的第三方寻求心理支持
缓解职场压力	职场压力最好的排解方法就是宣泄，还要保持一个轻松的工作心态。另外，还要适当运动。每天安排时间放松自己

三是营造和谐氛围。这方面的工作，既要领导干部理解道的奥秘，也要掌握术的方法。具体来说，如表6-4所示。

表6-4 营造和谐氛围的策略和方法

策略与方法	实施要领
发挥榜样的力量	领导干部要创新思路，更新观念，以身作则，身体力行，严格要求，苦干实干，同甘共苦，做出表率，用榜样的力量影响带动员工，以自身的人格魅力感召、感染员工，树立良好的自身形象，赢得员工的信服和认同
心系员工，关爱员工	深入到员工之中，与员工广交朋友，积极开展谈心交心活动，倾听员工的意见和建议，把握员工的思想脉搏，掌握员工的思想动态，加强亲情化思想工作，通过感情交流了解每一位员工的实际困难，尽可能想办法解决员工需要解决的问题，有针对性地采取引导与疏导的方法，形成企业内部良好的人际关系和宽松的工作环境，心往一处想，劲往一处使，互相关心，互相爱护，和睦相处，共筑和谐

续表

策略与方法	实施要领
区别对待，对症下药	从员工最需要、最急迫的事情做起，根据人的需求具有层次性、递进性、多变性的特点，在满足需求的同时一定要从实际出发，区别对待，对症下药，以增强员工对改革的心理承受能力和对社会的适应能力，求得新的生存和发展空间
做好政治思想工作	针对社会环境、企业发展变化，积极拓展思想政治工作的覆盖面，主动向一线班组和员工八小时工作时间外的空间延伸，真心实意地将解决员工的思想问题与解决员工心理、工作生活等实际问题结合起来，想员工之所想，急员工之所急，密切干群之间的关系，增强思想政治工作的针对性和实效性
注重心理问题	正视员工存在的心理问题，关注员工的心理健康，积极建立一种行之有效的健康辅导工作机制，通畅沟通疏导渠道，充分发挥其利益诉求、思想交流、情绪表达等多种功能

单元总结与思考：

1. 关心员工的身心健康，就是关心企业的健康成长和持续发展。

2. 损害员工身心健康的职业压力，也是阻碍企业健康成长和持续发展的强大阻力。

第四单元　做自己工作的老板

正确的工作理念是"做工作的主人，而不是奴隶"。把自己当成工作的主人，是一种积极的做事心态，这种心态就是无论老板在与不在，都能主动做事、从不偷懒，而且不管公司碰到什么困难，都能迎难而上，绝不临阵脱逃。拥有这种心态的员工想不讨老板喜欢都很难。相反，做公司的仆人则是一种消极被动的心态，是"仆人心态"，这种心态是将自己置于被动地位的一种做事心态，他们认为自己是在为别人工作，因而不仅不能主动工作，而且工作毫无热情。

　　在全球著名的希尔顿大酒店里流传着这样一个故事：两个年轻的大学毕业生杰克和汤姆应聘到希尔顿酒店。起初他们以为终于有了光明的前途，非常兴奋，但是酒店却安排他们去打扫楼道。这期间，杰克一直不断地埋怨酒店和经理，也懒得干活了，踩着点来上班，到了下班时间就赶紧回家休息。汤姆却一如既往地认真工作，下班时间到了，他也不急着走，他想的是作为一名新员工，应该多做一些。3个月过去了，杰克递交了辞呈。而又过了一个月，汤姆被经理任命为客房部主管。

　　这个故事里蕴含着这样一个道理：想成为具有敬业精神的人，首先要把个人利益放在一边。案例中杰克态度消极，从而工作也干不好。汤姆却时时注意不让消极情绪影响自己，保持积极肯干的工作状态，一直争取做工作的老板，最终得到了提升。

　　事实上，对于上下班的时间问题，体现的正是职场人对于工作的态度。你只管相信这点好了，一个准点上班、准点下班的人绝不会全盘心思扑在工作上，也不会是与公司同呼吸共命运的人，自然不会成为工作的主人。这样的员工又怎能获得老板的欣赏？

　　做公司主人的心态积极向上，因而必将取得较好的业绩，得到老板的认可。我们都知道，做老板的人在工作上从来都很主动，他们把公司的事务当成自己的事务，不待扬鞭自奋蹄，全身心地投入工作，一心要为公司做出成效和赢得利润，而且对自己的行为完全负责任，主动承担责任，迎接挑战，完成既定任务。

　　如果你也能像老板这样工作，把自己置于主人的位置，你也能逐渐走向成功。相反，如果你抱着为别人工作的心态去工作，要靠别人的督促指派才肯努力工作，那你一辈子也只能做一个安分守己的打工者了。以老板的心态对待工作，就要像老板一样把公司当成自己的事业。如果你是老板，你一定会希望员工能和自己一样，更加努力，更加勤奋，更加积极主动。当你的老板提出这样的要求时，你就应当积极去做，努力去做，用心去做，创造性地去做。

如果现在你还是公司里一个名不见经传的小职员，或是工作了很久却依然毫无起色的老职员，那么，一定不要局限于眼前的一切，不要感叹自己的处境，而要明白这是一个破茧成蝶的过程，是一个从平凡到卓越的修炼过程。如果你能在工作中拥有"做公司主人"的心态，那你一定能获得一种前所未有的工作乐趣，也能获得尽可能多的机遇和发展的空间。

那么，又如何成为"工作的主人"呢？

一是早点到公司做准备。提前半小时到公司，说明你十分重视这份工作。而且，每天提前一点到达公司，可以好好地对自己这一天的工作做个规划。当别人还在考虑当天该做什么时，你早就已经开始自己一天的工作了。这样的话，你就走在了别人的前面！

二是完成任务再离开，千万不要给自己一个不负责任的理由。在你没有完成任务的时候逃离办公室，这样容易耽误公司的总体计划，也会影响你明天的工作安排。做事拖沓的人，往往比执行力强的人进步缓慢得多。

三是利用下班时间学习。当你觉得工作起来有些吃力，或是想进一步提高自己的时候，就是你该学习的时候了。那么下班之后又何尝不能留在公司学习呢？比如我的公司，也是大多数开放型公司的一种，一般容许员工在下班之后留在公司加班。那么你可以把这段时间用于学习公司的各种产品知识、运营流程上，这对你的将来是有很大帮助的。

建议职场人士让自己始终保持"今日事今日毕"的状态，时时刻刻做工作的老板。让自己成为具有卓越执行力的人，同时也是高度敬业的人！

单元总结与思考：

1. 对公司的事情负责，勇于承担责任。

2. 凡事讲究成本。做事之前要先进行成本估算，清楚怎样做才能更省钱，怎样做才有更大的盈利空间，时刻以公司利益为重。

3. 效率至上。凡事不拖沓，讲求实效，雷厉风行，重视信誉。

4. 抱着完美主义的心态做事，务求尽善尽美。主动做事，切莫被动应付。

第七章　爱在路上——幸福EAP

第一节　做懂"人心"的领导

古人云："得人心者得天下。"企业管理者想做好管理工作，就必须了解员工，在管理活动中注重员工的内心需求。事实上，从员工的心理出发进行管理，是最有效的管理方法，也是管理的最高境界。

第一单元　亲临一线，提高员工士气

只有到一线调研，才知道各级工会工作推进得怎样，落地了没有？也只有与员工交心，你才知道他们在做什么、想什么，有什么困难，需要工会解决什么问题。

工作当中不难发现，高层和基层的沟通会相对较少。通常，高层在与基层员工沟通时，分析业态多，提要求多，直接下达具体工作指令少。基层员工的素质偏低，而其学习能力和进步能力较弱，往前发展具有一定的难度。企业高层与基层接触较少，所以管理基层员工受到了限制。因此，中间力量断层的现象很大程度上限制了企业的发展。更重要的是作为公司的中层、基

层管理者要掌握提高员工士气的一些技能。

因此,建议中基层主管在提高员工士气时加强以下几个方面工作,如表7-1所示。

表7-1 提高员工士气的工作重点

工作重点	实施要领
深入了解员工的需求	了解员工的需求可以通过平时的沟通、会议、员工的抱怨、调查问卷等形式。只有深入了解员工的需求,我们才能有效地激励他们,充分调动他们的工作积极性
创造良好的工作氛围	谁都不愿意在这样的氛围下工作:干活就出错,一出错就被指责;大事小事都要请示;办公现场环境乱七八糟;周围净是聊天、打私人电话、吵架、不干活的同事;团队成员相互拆台、不负责任;人际关系复杂;上司总是板着脸。都愿意在这样的氛围下工作:宽松,和谐自由的气氛;办公现场整洁温馨;团队成员相互帮助,精诚合作;人际关系简单明了;敢于尝试,不会受到指责;微小的进步和成绩都获得上司和同事的认可和赏识。因此,创造一个良好的工作氛围,是中基层主管日常管理的一项重要工作之一
认可与赞美	人的天性是喜欢得到别人的认可与赞美,员工的微小进步,我们应该及时给予真诚的认可与赞美。在批评员工时也要适当注意技巧,不能伤害到员工的自尊,一般状况下批评尽可能在私下进行
促进员工成长	在工作中不断得到成长,是绝大部分员工的期望,帮助员工不断成长是企业主管的一项重要工作职责。实现员工利益及公司发展其实要相辅相成是可以做到的。关心员工利益可以激励员工,员工士气高可以降低流动率并促进生产效率的提高。没有难题,就是最大问题;拥抱成长,才能握手成功
员工要有积极的心态	员工士气的高低最终决定因素是员工自己,只有自己才能对自己的士气做主。士气决定行为,行为决定习惯,习惯决定命运。所以我们自己的命运决定于我们自己的士气。只有每一位员工始终保持着积极的心态,做自己积极心态的主人,员工士气才能更高,自己的人生才能更辉煌

下面是一个赞美员工,提高员工士气的例子:

韩国某大型公司有一位清洁工,本来是一位容易被人忽视的角色,但就是这样一个人,却在一天晚上公司保险箱被窃时,与小偷进行了殊死搏斗。事后,有人为他请功并问他的动机时,他的答案出人意料。他告诉大家,因为公司的总经理从他身旁经过时，总会不时地赞美他："你扫的地真干净。"就这么一句简简单单的话，使这位员工受到了感动，并在关键时刻挺身而出。

事实证明，赞美比批评带给别人的进步要大。如果把"赞美"运用到企业管理中，就是人们常说的"零成本激励"。作为领导，首先，应该明白公司员工的心理；其次，学会赞美员工。做到这些，其实是很不容易的。

当然，这个赞美的例子其意义绝不仅限于此。一个不拒绝成长的员工，一定不会浪费企业资源和社会财富，不会给自己找台阶下，而是敢于承担责任，拥有高敬业度和高执行力，在不断的成长中为企业贡献自己的力量，同时实现自己的价值。

> **单元总结与思考：**
>
> 1. 要尊重员工，了解他们的疾苦和困难，并帮助解决，赢得员工的认同。
>
> 2. 要以身作则，不允许员工做的，自己坚决不做；公平公正处理问题，不偏袒每一个人。
>
> 3. 要经常和员工沟通。了解他们的想法，向他们了解信息；经常激励员工，让员工知道这个工作十分重要。

第二单元 体谅员工的低落

无论在工作上、家庭中还是其他方面，只要心不在焉，事情就很难成功；只有全心全意地付出全部身心，工作才能做好。在企业中，管理者在工作过程中，应学会利用情感联络员工的心。

管理者赢得了人心，员工的激情就会自觉产生，他们也就能体会到挑战的兴奋、竞争的刺激和成功的喜悦。心理学家说："你不必管理自觉的人，如果他们的心投入了，做任何工作都会有动力。"

保罗·盖蒂是西方首屈一指的石油大亨，他把大部分的时间花在油田里和他的员工一起工作。有一次发生的偶然事件，虽然其本身不太重要，却让盖蒂认识到，和员工建立良好的关系多么重要。

这天，盖蒂在油井工地上注意到一个名叫汉克的搬运工动作懒散，他生气地骂起来："你在干什么？振作起来，笨蛋！"骂完之后，他还咆哮一声。

"好的，老板。"汉克平静地回答道。不过，他还是奇怪地看了盖蒂一眼。这让盖蒂莫名其妙。

这时，盖蒂了解到一个新情况：汉克有手伤。其实汉克本来可以回去接受治疗，但他因为不愿让工友和老板失望，于是留了下来。得知这个情况后，盖蒂走到汉克身旁，说："抱歉！我刚才不应该发火。我开车送你进城去找个医生看看你的伤手。"

听到老板这句话，汉克和他的伙伴久久地看着盖蒂，然后他们都笑了。

从表面上看，这件小事没有多大意义，然而它却是有高度价值的管理秘诀。盖蒂身为老板，未事先查明真相便乱发脾气犯下错误，使员工产生了抵触情绪，造成生产效率下降，在所难免。幸好，盖蒂发现了过错，便立即真诚地道歉，而且提出合理的、适当的补救方法，这样，马上又重新建立了良好的关系。

有效率的领导与员工之间的关系建筑在并不复杂的基础上，成功的领导欲抓住员工的心应从两个方面努力：

一方面，要尽一切办法使员工感到愉快。如果公司整天暮气沉沉，各成员之间"鸡犬之声相闻，老死不相往来"，如何能激发员工的热情钟爱企业呢？如果公司不能激发快乐气氛和振奋精神，又怎么能使员工全心全意地工作呢？有人问比尔·盖茨，如果让他重新开始，他会去哪家公司上班？盖茨没有直接回答这个问题，而只是谈了使人高兴和令人感到工作有趣的重要性。为了吸引和留住那些最好的员工并激发他们的工作热情，我们的企业管理者们需要在工作场所营造一种振奋精神和令人愉快的氛围。

另一方面，管理者要兼顾员工的工作和家庭。家庭是社会的细胞，稳定家庭对工作有很大促进作用。一份调查报告中说："有 90% 的高层领导将工作带回家去做，他们呼吁要更好地注意兼顾员工们的工作和家庭，否则，企业有可能失去一些人才。"由于社会竞争越来越激烈，人们生存的压力也越来越大。在日本，许多人因过度劳累而猝死在工作岗位上。这种现象的发生，就是日本政府和企业领导未能协调好员工工作和生活需要之间的平衡。要赢得员工的心，企业管理者就必须采取积极的方法兼顾员工的工作和家庭。

高效能生活最主要的也是唯一的因素是平衡，平衡工作做得越好，效能、热忱和创造力也就越大。

单元总结与思考：

1. 对于员工的低落情绪，必须要找到员工情绪低落的原因，对症下药才能够解决问题，如加薪，加福利，或是升值等办法。

2. 通过绩效反馈程序，以达到改善情绪工作、提高绩效的目的。

第三单元　不让批评刺伤员工

善解人意，是衡量领导能否从心理上打动员工的一个重要方面，只有这样，管理者才能深入员工的心灵深处，真真切切地把员工当作人来任用，力戒把员工当作机器人摆布。唯有善解人意，才能达到用人的最佳境界。

作为领导，你到底对自己的员工认识有多深？即使曾在同一单位相处五六年之久，有时也会突然发现竟然不晓得对方的真面目，尤其自己的员工对他的工作有怎样的想法，或者他究竟想做些什么，这些恐怕你都不甚清楚！

卡尔文·柯立芝于 1923 年登上美国总统的宝座。这位总统以少言寡语出名，常被人们称作"沉默的卡尔"，但他也有出人意料的时候。

柯立芝有一位漂亮的女秘书，人虽然长得不错，但工作中却常粗心大意。一天早晨，柯立芝看见秘书走进办公室，便对她说："今天你穿的这身衣服真漂亮，正适合你这样年轻漂亮的小姐。"

这几句话出自柯立芝口中，简直让秘书受宠若惊。柯立芝接着说："但也不要骄傲，我相信你的公文处理也能和你一样漂亮的。"果然从那天起，女秘书在公文上很少出错了。

一位朋友知道了这件事后，就问柯立芝："这个方法很妙，你是怎么想出来的？"

柯立芝得意扬扬地说："这很简单，你看见过理发师给人刮胡子吗？他要先给人涂肥皂水，为什么呀，就是为了刮起来使人不疼痛。"

由此可见，在指导员工工作的实践中，赞扬比批评更有效。如果能将批评以赞美的方法表达出来，必定达到更好的效果。

另外，身为领导，批评员工是在所难免的，但是一定要坚守一个原则——批评对事不对人，否则就会伤害员工的自尊心，令批评的效果大打折扣。

批评员工，要考虑员工性格特点。因为心理素质健康的人，能够很快通过提高思想认识，振作起精神，进行积极的自我调适，重新开始起步，以努力工作来洗刷过失。但是一些性格内向、自尊心过强、敏感多疑、对挫折耐受力低的人，会把问题看得过于严重，担心别人看不起自己，领导今后也会用"有色眼镜"看待自己，前途无望了，从此一蹶不振。

所以，对于内向和自尊心强的员工，要以鼓励式的批评为主；而对于随意和很自我的员工，就要更为直接地批评他，并且把其错误清清楚楚地列出来。对于严重的错误，或者是几位员工同时都犯了类似的错误，则必须要采取正式的、公开的批评方式。

此外，员工什么事做错了，就只批评这件事，不能因为他做错了这件事，就诋毁他的个人能力与人格，把他说得一无是处。像"你真是个废物"、"你怎么不长记性呢"、"你真是不可救药"这类话，作为管理者是万万不能说的！

单元总结与思考：

1. 评价员工时，必须考虑他们的心理特点，从而把评价工作这门艺术掌握得恰到好处。

2. 批评要矫正缺点，提高工作能力，但一味地责备可能造成员工的自卑和不满，甚至不打招呼走人。

3. 对于严重的错误，要采取正式的、公开的批评方式，对事不对人；对于轻微的错误，则可以私下里点到为止。

第四单元　与员工沟通要心平气和

一个企业里，如果1/4的员工对工作感到厌倦，一半的员工表现勉强过得去，只有25%的员工对工作保持热忱。试想这样的企业还有进一步发展的潜力吗？也许你认为自己所在的企业根本不会像这样。但事实上，一些因素诸如与管理者沟通不力或者觉得企业根本不关心自己等，的确正在打击着员工的士气，消磨着企业的发展潜力。作为企业管理者应该正视这些因素的存在，加强与员工的谈心。因为通过与员工沟通交流，可以消除误解和思想隔阂，达到相互理解，增进团结，提高工作积极性的目的。

与员工沟通交谈是管理者与员工之间相互交流思想、沟通认识、加深感情的一种活动，是最直接、最具亲和力的沟通方式。然而要使沟通交流收到实实在在的成效，管理者除了真理在手以外，还必须掌握表达真理的技巧。

作为管理者要有诚心，若要与员工沟通交流，就必须具有帮助员工的诚心和关怀员工的感情。有了这种诚意和感情，与员工谈话时才能推心置腹，说出的话才能够如春风拂面、细雨浇心，才能够打动员工、感化员工。在具体沟通交流中，诚心要求管理者一定不能摆出领导架子，不可厚此薄彼，而要一视同仁。要多与员工进行换位思考，设身处地为员工着想。这样，管理者往往会发现，站的角度不同，了解的情况不同，认识问题的方法和出发点不同，得出的结论也截然不同。因此，只有诚心诚意地与员工沟通交流，同员工交心结友，才能真正了解其内心世界，从而及时准确地教育和引导员工。

选择一个私人的时空沟通交流，是借助一定的时间，在一定的环境里进行的，这种方法一般来讲都会收到较好的效果。一些管理者习惯在上班时把员工叫到办公室沟通交流。殊不知，在办公室里，员工的心灵大都是封闭的，不管怎么说教，都不会产生良好效果。因此，沟通交流应尽量选择在较私人的时间，地点则应该尽量避开办公室。这样的时空选择不会让员工有工作交流的感觉。当员工置身于自然环境或轻松的环境中，也自然更容易交流。

以积极的方式结束沟通交流结束时，管理者应起身，或紧握员工的手，或拍拍对方的肩，语气亲切而诚恳地说："所有的问题都能解决，真令人高兴"，或"辛苦了，好好干吧"之类的话。这样可使谈心更加完美，效果更加好。

单元总结与思考：

1. 有效的沟通，是通过听、说、读、写等载体，通过演讲、会见、对话、讨论、信件等方式将思维准确、恰当地表达出来，以促使对方接受。

2. 无效的沟通会导致企业资源消耗增大，员工责任心不强，相对应的品质与服务也都会下降。

第五单元　营造"大家庭"的气氛

员工是企业单位最重要的资产，即使企业所有的资产被大火毁于一旦，但只要员工还在，就可以迅速重建公司。

对于公司的生存与发展而言，重要的是不仅留住员工的人，更要留住员工的心，进而充分挖掘其潜力。也可以提升我们在公司中的地位，为我们带来丰厚的收入，也为我们的事业生涯添上满意的一笔。从马斯洛的"层次需求理论"来说，它可以实现我们的个人价值，达到最高层。

从事营销咨询的专家们会经常提到企业文化，而每一个企业，都认为自己有很好的企业文化，但究竟什么是企业文化，很多企业不能完全回答出来，或者认为自己写在会议室墙上或印刷在员工手册上的某些对仗的文字就是企业文化。

在一家食品股份有限公司，有一个很奇怪的现象：员工们都把公司当成自己的家，大家在一个大家庭里工作，而公司也把每一个员工当成是企业的一分子。所以，公司的员工流失率很低，即便营销人员有跳槽的，也很少会到公司的竞争对手那里去。这是这家公司的规定吗？当然不是。

这里有一个很有趣的例子，这家公司员工的福利待遇非常特别，假如你曾经是这家公司的员工，后来跳槽离开了，没关系，只要这家公司给所有员工发礼品或者年终搞文化活动，无论你离开多久，你依然能收到一份来自这家公司的礼物和真诚的问候，享受到与正规员工一样的待遇，真正做到了人走茶不凉。这与很多企业标榜"以人为本"，实际却不关心员工成长，甚至纯粹把员工当成赚钱机器的功利观念形成了很大的反差。

其实，这就是这家公司之所以长期发展的秘密所在！

所谓企业文化，其实就是企业上下一心，共同理解和认同的一套价值观，有了这样的价值观，企业无论在经营中发生什么，员工的心依然与企业站在一起；同样，无论员工有什么困难，企业都会把你当成家庭一员而为你提供帮助，使员工真正的有归属感！

现实中有很多企业的老板不懂企业文化和它的作用，他们把企业文化当做纯粹的装饰或者个人才华与文化观念的展示，而员工们却无法理解，更不要说认同！

一个企业的文化是否深得人心，通常都会在具体的企业经营中得到真实的反映。比如体现在市场经营中，就是营销人员的职业操守、经销商的忠诚配合，终端的牢固把控和消费者的热心追捧。

企业文化，对于员工最直接最重要的就是营造家庭的氛围。营造企业"大家庭"氛围，让员工在这样的大家庭里工作安心、放心、舒心。

> **单元总结与思考：**
>
> 1. 通过多方面软硬件的投入，公司从衣、食、住、行、娱等多方面关爱着每一位员工及其家属，让他们感受到家的温暖。
>
> 2. 通过多方面精神文化的投入，让员工彼此交流、分享感悟、快乐成长，让他们在繁忙的工作之余化解压力、宣泄情感、寻找快乐。

第六单元　缓冲企业变革"后遗症"

企业发生变革或者出现变动时，比如裁员、兼并、危机等，此时员工惴惴不安，外界也多有猜测，特别是媒体，一条信息被误导就可能招来一片风雨；但一些消息不公开，也可能会招致更多的猜测与不安。

企业动荡时，企业内部沟通怎么做，以使企业能够平稳过渡？建议从以下四个方面着手：

　　一是制定沟通策略。变革前需要让员工知道"为什么"，为什么需要改变？制定的沟通策略包括什么时候跟员工沟通，沟通哪些信息，谁负责去沟通等，并且要做好员工不接受变革的思想准备与应对措施。为了让员工接受变革，不能只沟通有利信息而掩盖不利信息，唯有如实反映事实，才能取得员工的信任。在员工接受了变革的事实后，还要对变革执行过程中可能出现的情况进行预测，并针对性地制订应对措施，否则企业就会面临危机。2006 年百度由于"裁员门"事件闹得沸沸扬扬，等事态恶化后百度才站出来发表声明，那时无论在员工心目中，还是客户心目中都已经造成了很坏的影响。

　　二是搭建多条沟通渠道。沟通不仅仅是企业对员工单向进行的，也要倾听员工的心声，了解员工的担忧，同时也收集员工对公司的建设性意见。为了保证信息的畅通，可以搭建多条沟通渠道，比如员工大会、总裁的公开信、上下级之间的谈话、公司内部刊物和网站、公司公共区域的海报和小标志，都有助于帮助宣传企业的变革，让员工在心理上慢慢接受事实，并且投入到变革中来。

　　三是高层直接参与沟通。在信息沟通的过程中，公司的高层应该始终站在沟通的前沿，高层的参与是对员工的最好承诺，表明公司对员工的关注。

　　四是始终关注在变革过程当中的员工态度，始终需要了解员工的态度，并且与变革之初相比看有了哪些转变，从中发现企业需要努力改善之处。国外很多企业推行了"员工帮助计划"（EAP），帮助员工解决变革过程中的心理压力。EAP 虽然在国内还未完全推广开来，但是只要站在员工角度思考多一点，及时了解员工的想法，一定能够获得员工的支持与认同。

单元总结与思考：

1. 很多企业在变革过程中，往往把更多的精力投入到战略规划、架构调整、业务整合等领域，而员工的心理通常容易被忽视，总要到冲突或危机发生后，才寻求解决之道。

2. 在组织变革情境下，因为员工的心理原因往往会引发下列问题：持续性的减少产量；要求增加报酬或调职；罢工、无故旷工或怠工；工作和服务质量变差；等等。

第二节　开辟员工心理诉求渠道

拓宽职工诉求表达渠道，引导职工积极参与企业民主管理的企业，职工参与度越高、劳动关系越和谐，企业发展得也就越快。因此，企业管理者要掌握批评的艺术，用心和员工对话，倾听员工的心声，还要正确处理管理过程中的矛盾。只有这样，才能满足员工的心理诉求，使企业在和谐的氛围中发展。

第一单元　批评的时机把握

批评是一门艺术，掌握正确的方法非常重要，好的方法能够促进企业的生产力提高，不好的方法会使企业的生产力下降。在企业里，表扬的声音一定要远远高于批评的声音，这样才能够散发出人性的光辉，企业的绩效才能提高。

　　有些管理者认为批评、责备人是件严肃的事，于是总会下意识地找个正规的场合，用比较严肃的语气和表情进行批评。其实批语、批评与责备有很多讲究，对不同的对象要采取不同的技巧，也要选择不同的时机，让你的批评艺术更具魅力。纠正错误，一定要注意时机和场合，最好是在没有第三者的情况下进行。否则，再温和的批评也有可能会刺激受批评人的自尊，因为他会觉得在同事面前丢了面子。他可能以为你是故意让他出丑，从而认为你是一个不讲情面，不讲方法，没有涵养，没有风度的人，有的还会觉得你的动机不纯。

　　批评人的时候不注意场合，会带来很多副作用，受到批评的人会心生芥蒂，还有可能做出一些傻事。给别人留点面子，留条后路，让他很体面地退却。

　　美国玫琳凯化妆品公司董事长玫琳凯在批评人时，绝不坐在老板台后面与对方谈话。她认为办公桌是一个有形的障碍，办公桌代表权威，给人以居高临下之感，不利于交流和沟通。她总是邀对方坐在沙发上，在比较轻松的环境中进行讨论。

　　此外，玫琳凯要批评一个人时，总是单独与被批评者面谈，而绝不在第三者面前指责。她认为，在第三者面前责备某个人，不仅打击士气，同时也表现出批评者的极端冷酷。她说："一个管理人员在第三者面前责备某个员工的行为，是绝对不可原谅的。"

　　批评对于个人来说，是帮助他人改正缺点，自我进步的有效方法；对于领导者来说，是改善管理的重要手段。批评也是一种艺术，当我们发现别人的过失时，及时地予以指正和批评，是很有必要的。

　　领导在指出员工的错误时，一定要出于真诚的态度对他说教，给其忠告，不要只图自己的痛快，而忽略了员工的感受，不要让这些不小心或者是一时之快让员工对你产生抵触的情绪。你的批评也达不到效果。更有甚者，员工不但不改正，还会变本加厉明知故犯。所以，作为领导者，批评人的话一定要说得有分寸，不能太多，也不可不说，语言要委婉，还要有力度，既照顾到别人的颜面，还要让他知道自己的不足与缺陷。时机和场合万万不能忽略。

每个人资质不一，各有才能，只要善于带领，败卒残兵也能成为骁将勇士，最重要的是要能看出他们的优点长处，给予适当的鼓励。我们有相当一部人都有这样的理解，总感到不骂不足以体现自己的管理力度，不骂不足以体现自己的权威。初级的管理是训斥，这往往给人一种假象和误解，感到这样的管理力度越大，越体现管理水平，其实这是大错特错。

> **单元总结与思考：**
>
> 　1. 领导者在开展批评时，除了要把握批评的准确性和运用恰当的方法外，还应注意选择批评的最佳时机。
>
> 　2. 批评者的思想情绪、被批评者的心理素质，以及批评时所处的客观环境，直接影响批评的实施。因此，选准时机开展批评，能提高批评的效果。

第二单元　批评前的事实调查

批评他人通常是比较严肃的事情，所以在批评的时候一定要客观具体，应该就事论事，要记住，我们批评他人，并不是批评对方本人，而是批评他的错误行为，千万不要把对员工错误行为的批评扩大到对员工本人的批评上。

首先，要调查了解实际情况，不能偏听偏信。其次，要尊重事实，对事不对人。再次，要先听听对方的辩白。错误，总是有主观原因，也有客观原因。先听听对方的辩白有利于了解事情的真相，也有利于掌握被批评者的态度。最后，说明清楚来龙去脉，必要时包括日期、时间等明确细节。不要让员工觉得，领导只是一时的情绪不佳，有力的证据会让员工心服口服。充分准备，但是不要逐条宣读，不要赶着说完，也不要刻意淡化问题。

领导在批评员工的时候一定要就事论事，不要伤害员工的自尊，还要给他一个台阶下，避免难堪，激烈的措辞只能让事情越变越糟，背离了你的根本目的。

有一名编辑去校对清样，结果发现版面上有一个标题字错了而校对人员却没有发现，这时，这名编辑对校对人员进行批评："这个字你没有校出来，以后注意一些就是了。"于是，校对人员再次进行了认真的校对，使稿件的差错率大大降低了。

另一名编辑面临了同样的问题，他怒气冲冲地说道："你对工作太不负责任了！这么大的错误都没有校正出来？"校对人员听了这话，实在难以接受。也正是因为他的这种话语，让校对人员觉得难堪，第二天就辞职不干了。

其实，辞职的校对人员的同事都知道，他只是一次无意的过失，但是编辑却上升到了责任心的高度去批评他，把他推到对立面去，使他们的关系恶化，所以大家心里很不服气。有人说："即使他不辞职，那个编辑的这种态度也会让他在今后的工作中出更多的纰漏。"

俗话说："尺有所短，寸有所长。"一个人犯了错误，并不等于他一无是处。所以在批评别人时，如果只提他的短处而不提他的长处，他就会感到心理不平衡，感到委屈。比如，一名员工平时工作颇有成效，偶尔出了一次质量事故，如果批评他的时候只指责他导致的事故，而不肯定他以前的成绩，他就会感到以前"白干了"，从而产生抗拒心理。另外，据心理学研究表明，被批评的人最主要的障碍就是担心批评会伤害自己的面子，损害自己的利益，所以在批评前帮他打消这个顾虑，甚至让他觉得你认为他是"功大于过"，那么他就会主动放弃心理上的抵抗，对你的批评也就更容易接受。

指责时不要伤害员工的自尊与自信，若伤害了员工的自尊与自信，员工势难变得更好，因此指责时要运用一些技巧。例如："我以前也会犯这种过错"、"每个人都有低潮的时候，重要的是如何缩短低潮的时间"、"像你这么聪明的人，我实在无法同意你再犯同样的错误"、"你以往的表现都优于一般人，希望你不要再犯这样的错误"等。

在企业中，管理者正面地批评员工，对方或多或少会感到有一定的压力。如果一次批评弄得不欢而散，一定会增加对方的精神负担，产生消极情绪，甚至对抗情绪，这会为以后的沟通带来障碍。所以，每次的批评都应尽量在友好的气氛中结束，这样才能彻底解决问题。在会见结束时，不应该以"今后不许再犯"这样的话作为警告，而应该对对方表示鼓励，提出充满感情的希望，比如说"我想你会做得更好"或者"我相信你"，并报以微笑。让员工把这次见面的回忆当成是你对他的鼓励而不是一次意外的打击。这样会帮他打消顾虑，增强改正错误、做好工作的信心。

每个人都会犯错，你要有宽广的胸襟包容员工的过失，本着爱护员工的心态，同时注意上面的几个要点。当员工应该被指责时，不要犹豫，果断地去做。正确、适时的指责，对员工、对部门都具有正面的功效。

单元总结与思考：

1. 开展积极的善意的实事求是的批评，真正达到帮助员工、增进团结、推动工作的目的。

2. 任何工作，都要客观、公正、实事求是，批评员工一定要有理可辩、有据可循。

第三单元　用心和新员工沟通

对管理者来说，与员工进行沟通是至关重要的。因为管理者要做出决策就必须从员工那里得到相关的信息，而信息只能通过与员工之间的沟通才能获得；同时，决策要得到实施，又要与员工进行沟通。再好的想法，再有创见的建议，再完善的计划，离开了与员工的沟通，都是空中楼阁。

新老员工都可能遇到工作生活上的问题，可能都会产生情绪，对工作也会有好的或坏的影响。管理者对待新老员工，要一视同仁，把他们当成朋友、家人来关心、爱护，不管是做人或是做事，帮助他们成长。这样，才会有基本的沟通条件，才会有好的沟通效果；并且一直把这种好的趋势保持下去，最终形成强大的战斗力，打造高效率的工作团队。

沟通的目的在于传递信息。如果信息没有被传递到新员工，或者新员工没有正确地理解管理者的意图，沟通就会出现障碍。那么，管理者如何才能与新员工进行有效的沟通呢？以下方法是行之有效的。

一是让新员工对沟通行为及时做出反馈。沟通的最大障碍在于新员工误解或者对管理者的意图理解得不准确。为了减少这种问题的发生，管理者可以让新员工对管理者的意图做出反馈。比如，当你向新员工布置了一项任务之后，你可以接着向他询问："你明白我的意思了吗？"同时要求新员工把任务复述一遍。如果复述的内容与管理者的意图相一致，说明沟通是有效的；如果新员工对管理者的意图的领会出现了差错，可以及时进行纠正。或者，你可以观察他们的眼睛和其他体态举动，了解他们是否正在接收你的信息。

二是对不同的人使用不同的语言。在同一个组织中，不同的员工往往年龄不同，教育和文化背景也不相同，这就可能使他们对同样的话产生不同理解。另外，由于专业化分工不断深化，不同的员工都有不同的"行话"和技术用语。而管理者往往注意不到这种差别，以为自己说的话都能被其他人恰当地理解，从而给沟通造成了障碍。不恰当的语言可能会造成沟通障碍，因此管理者应该选择新员工易于理解的词汇，使信息更加清楚明确。在传达重要信息的时候，为了消除语言障碍带来的负面影响，可以先把信息告诉不熟悉相关内容的人。比如，在正式分配任务之前，让有可能产生误解的新员工阅读书面讲话稿，对他们不明白的地方先作出解答。

三是积极倾听新员工的发言。沟通是双向的行为。要使沟通有效，双方都应当积极投入交流。当新员工发表自己的见解时,管理者也应当认真地倾听。当别人说话时,我们在听,但是很多时候都是被动地听,而没有主动地对信息进行搜寻和理解。积极的倾听要求管理者把自己置于新员工的角色上,以便于正确理解他们的意图而不是你想理解的意思。同时,倾听的时候应当客观地听取新员工的发言而不做出判断。当管理者听到与自己的不同的观点时,不要急于表达自己的意见,因为这样会使你漏掉余下的信息。积极的倾听应当是接受他人所言,而把自己的意见推迟到说话人说完之后。

四是注意恰当地使用肢体语言。在倾听他人发言时,还应当注意通过非语言信号来表示你对对方的话的关注。比如,赞许性的点头,恰当的面部表情,积极的目光相配合;不要看表,翻阅文件,拿着笔乱画乱写。如果新员工认为你对他的话很关注,他就乐意向你提供更多的信息;否则新员工有可能懒于向你汇报他自己知道的信息。在面对面的沟通当中,一半以上的信息不是通过词汇来传达的,而是通过肢体语言来传达的。要使沟通富有成效,管理者必须注意自己的肢体语言与自己所说的话的一致性。比如,你告诉员工你很想知道他们在执行任务中遇到了哪些困难,并乐意提供帮助,但同时你又在浏览别的东西。这便是一个"言行不一"的信号。新员工会怀疑你是否真正地想帮助他。

五是注意保持理性,避免情绪化行为。在接收信息的时候,接收者的情绪会影响到他们对信息的理解。情绪能使我们无法进行客观的理性的思维活动,而代之以情绪化的判断。管理者在与新员工进行沟通时,应该尽量保持理性和克制,如果情绪出现失控,则应当暂停进一步沟通,直至恢复平静。

六是减少沟通的层级。人与人之间最常用的沟通方法是交谈。交谈的优点是快速传递和快速反馈。在这种方式下,信息可以在最短的时间内被传递,并得到对方回复。但是,当信息经过多人传送时,口头沟通的缺点就显示出来了。在此过程中，涉及的人越多，信息失真的可能性就越大。每个人都以自己的方式理解信息，当信息到达终点时，其内容常常与开始的时候大相径庭。因此，管理者在与新员工进行沟通的时候应当尽量减少沟通的层级。越是高层的管理者，越要注意与新员工直接沟通。

> **单元总结与思考：**
>
> 　　1. 有效掌控面谈气氛，用心去沟通，不要走过场、摆架子，而是通过绩效，找出问题、解决问题、增加彼此信任，激发新员工士气。
>
> 　　2. 在适当的场合开个玩笑，不仅能缓和紧张气氛，更容易建立起人格魅力从而感染新员工，以做到更有效地沟通。

第四单元　倾听员工的心声

作为管理者，在与员工沟通交流时，一定要耐心倾听。倾听时，一般要做到少讲多听，不要打断对方的讲话；设法使交谈轻松，使倾诉的员工感到舒适，消除拘谨；表现出有聆听的兴趣，不要表示冷淡与不耐烦；尽量排除外界干扰；站在员工立场上考虑问题，表现出对员工的同情；控制情绪，保持冷静，不要与员工争论；提出问题以示你在充分倾听和求得了解；不要计较员工口气的轻重和观点是否合理。

倾听员工的心声体现企业以人为本的管理理念，能发挥人力资源的优势，激发员工的积极性，增强企业的凝聚力。管理中有"扁平化"管理、"金鱼缸"管理、"海豚"管理、"危机"管理等，无论哪种管理方式，其共同特点都是要求人力资源管理工作者真诚地倾听员工的心声。

哈佛大学心理学教授梅奥提出：凡是公司中有对工作发牢骚的人，那家公司或老板一定比没有这种人或有这种人而他们却把牢骚埋在肚子里的公司或老板要成功得多。美国哈佛大学心理学系为此曾组织过一次有价值的实验。实验的具体做法就是专家们找工人个别谈话，而且规定在谈话过程中，专家要耐心倾听工人们对厂方的各种意见和不满，并做详细记录。与此同时，专家对工人的不满意见不准反驳和训斥。这一实验研究的周期是两年。在这两年多的时间里，研究人员前前后后与工人谈话的总数达到了 2 万余人次。

研究人员从研究结果中发现，这两年以来，工厂的产量大幅度提高了。又经过研究，研究人员给出了原因：在这家工厂，长期以来工人对它的各个方面就有诸多不满，但无处发泄。而这次的"谈话实验"使他们的这些不满都发泄出来了，从而感到心情舒畅，所以工作干劲高涨。

无独有偶！在日本，很多企业都非常注重为员工提供发泄自己情绪的渠道。松下公司就是如此。

在松下，所有分厂里都设有吸烟室，里面摆放着一个极像松下幸之助本人的人体模型，工人可以在这里用竹竿随意抽打"他"，以发泄自己心中的不满。

等打够了，停手了，喇叭里会自动响起松下幸之助的声音，这是他本人给工人写的诗句："这不是幻觉，我们生在一个国家，心心相通，手挽着手，我们可以一起去求得和平，让日本繁荣幸福。干事情可以有分歧，但记住，日本人只有一个目标：即民族强盛、和睦。从今天起，这绝不再是幻觉！"当然，这还不够。松下接着说，"厂主自己还得努力工作，要使每个员工感觉到：我们的厂主工作真辛苦，我们理应帮助他！"

正是通过这种方式，使松下的员工自始至终都能保持高度的工作热情。疏导是治理拥塞的根本。

人有各种各样的愿望，但真正能实现的却为数不多。对那些未能实现的意愿和未能满足的情绪，千万不要压制，而是要让它们发泄出来，这对人的身心发展和工作效率的提高都非常有利。

作为一个上班族，谁都会有心中不愉快的事，谁都会有抱怨。以下是领导处理员工抱怨、倾听员工心声的 13 个原则，如表 7-2 所示。

表 7-2　倾听员工心声的原则

原　则	实操要领
不要忽视	不要认为如果你对出现的困境不加理睬，它就会自行消失。不要认为如果你对员工奉承几句，他就会忘掉不满，会过得快乐。事情并非如此。没有得到解决的不满将在员工心中不断发热，直至沸点。他会向他的朋友和同事发牢骚，他们可能会赞同他。这就是你遇到麻烦的时候。也就是说，你忽视小问题，结果让它恶化成大问题
机智老练	不要对提建议（可能是好意的）的员工不加理睬，这样他们就没有理由抱怨了
承认错误	消除产生抱怨的条件，承认自己的错误，并做出道歉
不要讥笑	不要对抱怨置之一笑，这样员工可能会从抱怨转变为愤恨不平，使生气的员工变得怒不可遏
严肃对待	绝不能以"那有什么呢"的态度加以漠视，即使你认为没有理由抱怨，但员工认为有。如果员工认为它是那样重要，应该引起你的注意，那么你就应该把它作为重要的问题去处理
认真倾听	认真地倾听员工的抱怨，不仅表明你尊重员工，而且还能使你有可能发现究竟是什么激怒了他。比如，一位打字员可能抱怨他的打字机不好，而他真正的抱怨是档案员打扰了他，使他经常出错。因此，要认真地听人家说些什么，要听弦外之音
不要急躁	当你心绪烦乱时，你会失去控制，无法清醒地思考。你可能会轻率地做出反应。因此，要保持镇静，如果你觉得自己要发火了，就把谈话推迟一会儿
掌握事实	即使你可能感觉到要你迅速做出决定的压力，你也要在对事实进行充分调查之后再对抱怨做出答复。要了解和掌握全部事实，再做出决定。只有这样才能做出完美的决定。急着决定，事后会后悔。记住，小小的抱怨加上你的匆忙决定可能变成大的冲突
别兜圈子	在你答复一项抱怨时，要触及问题的核心，要正面回答抱怨。不要为了避免不愉快而绕过问题。你的答复要具体而明确。这样做，你的话的真意才不会被人误解
解释原因	无论你赞同员工与否，都要解释你为什么会采取这样的立场。如果你不能解释，在你下达决定之前最好再考虑考虑

续表

原 则	实操要领
表示信任	并非所有的回答都是对员工有利的。回答"是"时,你不会遇到麻烦,回答"否"时,就需要用你的管理技能,使员工能理解并且心情愉快地接受你的决定。在你向他们解释过你的决定之后,你应该表示相信他们将会接受。努力使他们明确你所做那个决定的理由,使他们同意试一试
不偏不倚	掌握事实,掂量事实,然后做出不偏不倚的公正决定。做出决定前要弄清楚员工的观点。如果你对抱怨有了真正的了解,或许你就能够做出支持员工的决定。在依据事实,需要改变自己的看法时,不要犹豫,不要讨价还价,要爽快
敞开大门	不要怕听抱怨。"小洞不补,大洞吃苦",这句话用于说明在萌芽阶段就阻止抱怨是再恰当不过了。要永远敞开大门,要让员工总能找到你

单元总结与思考:

1. "牢骚话"是员工真实的心声,在一定程度上反映出了各级组织管理工作中存在的问题,认真听取可以发现问题。

2. 不能听取员工心声,不但有可能伤了一位好员工的心,更有可能间接赶走一位潜在客户。

第五单元 企业管理中的矛盾处理

企业存在的各种矛盾,一般属于人民内部矛盾,也易于缓和或化解。可是在实际工作中,有些企业经营管理者在处理企业矛盾时,由于认识失误、处置不当,反而使矛盾火上浇油,不仅没有缓和,还使矛盾更加激化,甚至导致激烈的动荡。

那么,用什么方法才能有效化解管理过程中的矛盾呢?以下方法你不可不知。

一是用共同愿景化解管理矛盾。企业是由不同层次、不同个性的人组成的，"人上一百，形形色色"。共同愿景可使这些来自五湖四海的员工，为了一个共同的愿景、目标走到一起，使本来互不认识、互不信任的人产生一体感，归属于一项重要的任务、事业和使命，并为之出谋划策、流汗流血。共同愿景会激发出员工的创造潜能和创新热情，引导员工恰当地处理长远目标与近期目标、远期利益与眼前利益、整体利益与局部利益、集体利益与个人利益的矛盾关系，并从中找出良好的平衡。

二是用"三公"原则化解分配人事矛盾。企业中的大量矛盾是由于分配不公、用人不公引起的。干群之间的矛盾、不同利益群体之间的矛盾、改革转制中引发的各种矛盾，往往同企业领导者在利益分配上没有做到公平、公正和公开，在选人用人上失却公平、公正和公开密切相关。"不患寡而患不均"，这本就是员工心中的一个结，如果又是暗箱操作，这个结就会成为难解的死结。事实上，如果在分配上做到公平、公正和公开，效率优先与兼顾公平之间就能找到较好的平衡度，先富与后富、贫与富之间的差别，就不易引起猜疑、忌妒和不满，贫富差别也难以向贫富悬殊对立的方向演变。在"三公"原则之下，员工会倾向于承认差别地位、差别贡献产生的差别收入分配，将差别压力转化为进取的动力。所以，运用"三公"原则认识和处理企业分配和人事矛盾，能最大限度化解员工在配置"权"（用人）与"利"（分配）中产生的误解、不平与怨恨。

三是用诚实守信化解"三信危机"产生的矛盾。由信任、信心、信念危机产生的种种矛盾，极大地困扰着企业物质文明、精神文明和政治文明的建设。因为不讲诚信，使企业内部的人与人之间、部门与部门之间、领导与群众之间、企业外部的企业之间、政企之间失却了相互信任，使经济交往失却了信用，因而也使人们对人失去信心、对事业失去信心、对组织失去信心，进而信念发生动摇——没有什么是值得信赖的。因此，重建信任、信心和信念，化解信任、信心、信念危机，就要从讲诚信开始，从领导者的言行一致开始，从言必行、行必果开始。

四是以民主化解经营失误、失范的矛盾。企业经营，可能造成失误最大、损失最大的是决策失误。而要减少决策失误，提高决策科学性，最有效的途径是实行民主决策。在企业经营管理中坚持民主决策有三大作用：其一，可以使不同的意见、建议、思想得到充分而全面的表达，避免出现压制不同意见而产生的矛盾，有利于既有统一意志又有个人心情舒畅这种生动活泼局面的形成；其二，不同意见建议的充分全面表达，可以使决策时有多种选项的比较，在比较中更易于识别和选择其中的正确选项，从而减少决策失误，避免决策失误产生的重大损失；其三，各种意见一旦有了自由、充分而全面的表达机会和渠道，就会促使员工放下思想包袱，解放思想，开动脑筋，形成知无不言、言无不尽，人人用心、个个尽力，开发潜在智能，形成群策群力的经营管理态势。

五是用感恩文化化解人际矛盾。现在许多企业的劳资矛盾、干群矛盾比较尖锐和突出，人际关系比较僵硬。化解这些矛盾，除了上述化解方法外，培育良好的企业文化和社会文化，也是化解矛盾的有效途径。在有些企业或组织提倡的感恩文化里，又片面地强调劳动者对资本家要感恩、员工对老板要感恩、群众对领导要感恩。这种单向的感恩文化导向，扭曲了感恩文化的本义，不但无益于化解矛盾，反而有激化矛盾的态势。健康的感恩文化倡导双向的感恩，老板与员工、资本家与劳动者、领导与群众，要互相感恩。尤其是老板一方、资本家一方、领导者一方，更应在感恩文化的培育中起主导作用、带头作用和示范作用。

培育感恩文化，感恩的心是博大的，博大的心装得下世界。能装下世界的老板和领导者，才能打破"经理封顶"的局限。如今许多企业的老板或组织的领导者，把自己今天的财富、地位与名望，仅仅看作是本人"自我奋斗"的结果。这种认识不要说与马克思主义不符，就连非马克思主义经济学家也是不认同的。

诺贝尔经济学奖获得者萨缪尔森在其享誉世界的著作《经济学》中这样

写道："某些行业的组织者认为，他由于'自我奋斗'获得了成功，并且'创造'了自己的企业，而事实上，是整个社会向他提供了技术工人、机器、市场、安定和秩序——这些范围广泛的条件和社会环境是千百万人经过许多人共同努力创造出来的。如果把这些因素统统去掉，那么，我们只不过是以树根、野果和野兽为生的人。"

关于化解矛盾冲突，古人有许多说法，或曰"化干戈为玉帛"，或曰"铸剑为犁"，或曰"相逢一笑泯恩仇"等。就是说，在一定条件下，采取得当的方法措施，可以化战争为和平、化对抗为合作、化仇恨为友爱。

单元总结与思考：

1. 对于那些既具有重要性又具有紧迫性的矛盾，必须采取竞争的方式。

2. 对于既不重要又不紧迫的问题，通常就可以采取回避的方式。

3. 对于既不具有重要性又不具有紧迫性的问题通常可以采取迁就的方式。

4. 具有紧迫性但不具有重要性的问题通常可以采用妥协方式。

5. 具有重要性但不具有紧迫性的问题，必须采用合作的方式。

第三节 有效激励，让员工找到工作兴趣

员工激励是企业一个永恒的话题。现代企业一定要重视对员工的激励，根据实际情况，综合运用多种激励机制，把激励的手段和目的结合起来，改变思维模式，真正建立起适应我国现代企业特色、时代特点和员工需求的开

放的激励体系，激发员工的潜力和工作热情，提高企业的核心竞争力，才能保证现代企业的持续、健康发展。这种激励手段的变化实际上就是企业改革。

第一单元　备好员工的"精神福利"

随着人才和市场的竞争日益激烈，企业员工面对逐渐增加的工作压力，容易出现挫折感、丧失信心等不良心理状态。而员工心理困扰会导致缺勤率和离职率增加，士气、效率和服务质量下降，进而影响组织绩效，损害企业形象。因此，如何有效地消除职业倦怠、缓解外地员工情绪郁结、降低新员工的试用期离职率以及缓解员工整体职业压力，对于稳定员工队伍、提高员工工作绩效与工作满意度都具有非常重要的意义。

针对以上的员工士气、效率和服务质量下降等问题，可以从不同方面着手进行改进。比如为员工准备好以下"精神福利"，就能保证员工心理健康发展，工作积极性被充分调动。

一是通过心理培训，提高整体员工心理素质。员工心理培训是将心理学的理念和方法应用到企业的管理和训练活动中，以解决员工的动机、心态、潜能、心理素质等一系列心理问题，并使个人成长与企业效益真正挂钩。通过定期心理培训，员工能够获得自我调节的方法。通过这些方法，他们可以有效缓解自身职业压力、职业倦怠等问题。

激烈的竞争环境下，员工心理问题日渐凸显，并成为企业老总的一块心病，有的企业老总开始聘请心理学专家为员工减轻心理压力。武昌一家IT企业发现员工存在凝聚力差、缺乏职业归属感、不善沟通等心理问题，特意请来心理专家为员工进行心理培训，通过专家的心理教育、疏导和训练，员工的自信心、抗挫折能力得到较大增强，集体意识和团队精神也得到提高。联想集团定期邀请专业人士为员工做压力管理等心理培训，武汉美的公司一年内四次请心理专家给员工进行心理培训，每次培训人数都接近二百人。TCL、实达公司等都常年请培训公司开展心理培训，在世界 500 强中至少 80% 的企业为员工提供心理帮助计划。可以说，心理培训已经越来越受到企业的重视。企业在不断发展的过程中，也应当关注员工心理的健康发展。定期邀请心理专家来企业开设"心理课堂"，能够有针对性地帮助员工排解心理压力，树立积极的工作态度，培养健康的心理，值得企业推而广之。

二是心理辅导，以疏导个别员工心理困扰。心理培训是对企业员工进行的团体心理疏导，而心理辅导则大都是一对一的针对个人的心理咨询。每个人的心理问题不同，单纯的团体心理培训是不能解决员工个体的心理问题的。企业还必须针对个别员工展开心理辅导。通过"聊天"化解员工的心理疙瘩，是心理辅导的主要目的。让员工找心理咨询师，毫无顾忌地宣泄对同事的抱怨、对工作的厌倦，甚至个人感情的变故。这些过去在企业里最忌讳的事情，如今被一些温州民营企业当成"福利"提供给员工。如红蜻蜓集团的"阳光咨询室"、康奈集团的"新温州人情感交流站"、正泰集团的"阳光服务室"相继挂牌成立。心与心的情感交流如心灵鸡汤，为员工减压疏导，调整心态。

企业员工基本是 20 世纪八九十年代以后出生的青年，感情上比较脆弱，看问题比较直接，一旦有事情发生，就不知道怎么处理，这就需要疏导。工作压力不仅损害个体，而且也破坏企业的健康，并最终导致经济损失。如果公司设立专门的"情感交流站"或者心理咨询热线，那么员工有心事时，或者通过热线电话，或者直接到情感交流站里来面对面沟通。通过个体心理辅导，可以有针对性地解决老员工的职业倦怠、新员工的心理失衡乃至外地员工的情绪郁结等难题，这样就可以将问题解决在萌芽状态。

三是心理宣泄。合理释放工作压力的心理宣泄分为两类：不良心理宣泄和良性心理宣泄。不良心理宣泄往往危害社会和家庭，甚至表现出杀人、伤害等违法犯罪行为；而良性心理宣泄，则有利于不良情绪的减轻和消除。

公司可以为员工提供心理宣泄的恰当渠道，合理释放工作压力。比如，可以采用体验式放松，定期组织员工进行郊游、漫步等，进行情绪的舒缓；还可以采用替代性暴力，即通过一定可控的暴力行为来舒缓压力。日本人的工作节奏快、效率高是举世公认的。长期紧张的生活，使员工承受了巨大的心理压力。为了稳定员工情绪，日本企业琢磨了不少点子，比如有些公司专门设置了"宣泄室"，里面放有经营管理者的仿真模型，专供受委屈的员工踢打解气；一些企业经理甚至与工头提前约好，当着工人的面令其难堪，减少一线员工的抵触情绪。当然，这些心理宣泄方式都需要持续一定的时间，偶尔一两次的作用不大。企业应当为员工提供长期的心理宣泄渠道，这样才能保证员工不良情绪能够及时减轻和消除，增加团队的凝聚力和工作满意度。

综上所述，关注员工的心理健康，借助管理心理学来为他们解压，为其提供充足的"精神福利"，对于提高整体员工的工作积极性与满意度、改善工作氛围都有十分重要的意义。

> **单元总结与思考：**
>
> 1. 精神激励是一种最有效的激励，对许多员工来说，他们面临的是心灵的困惑。
>
> 2. 对员工开展压力管理、保持积极情绪、工作与生活协调、自我成长等专题的培训或团体辅导，可提高员工自我管理、自我调节的技能。

第二单元　多一些积极的心理暗示

暗示作用往往会使别人不自觉地按照一定的方式行动，或者不加批判地接受一定的意见或信念。比如，一个女员工本来穿了一件自认为是很漂亮的衣服去上班，结果好几个同事都说不好看，当第一个同事说的时候，她可能还觉得只是这个同事个人看法，但是说的人多了，她就慢慢开始怀疑自己的判断力和审美眼光了，于是下班后，她回家做的第一件事情就是把衣服换下来，并且决定再也不穿它去上班了。其实，这只是心理暗示在起作用。

暗示分自暗示与他暗示两种。自暗示是指自己接受某种观念，对自己的心理施加某种影响，使情绪与意志发生作用。例如，有的人早晨在上班前或出去办事前照照镜子、整整衣服、理理头发。有的人从镜子里看到自己脸色不太好看，并且觉得上眼睑浮肿，恰巧昨晚睡眠又不好，这时马上有不快的感觉，顿疑自己是否得了肾病，继而觉得自己全身无力、腰痛，于是觉得自己不能上班了，甚至到医院就医。这就是对健康不利的消极自我暗示作用。而有的人则不是这样。当在镜子里看到自己脸色不好，由于睡眠不好而精神有些不振，眼圈发黑时，马上用理智控制自己的紧张情绪，并且暗示自己：到户外活动活动，做做操，练练太极拳，呼吸一下新鲜空气就会好的，于是精神振作起来，高高兴兴去工作了。这种积极的自我暗示，有利于身心健康。

心理暗示对人的行为有非常大的影响。如果经常对自己说些向上的话，给自己积极的心理暗示，我们就真的会在行为上变得积极向上。

吴畅在一家外贸公司工作已经3年了，国际贸易专业毕业的她在公司的业绩表现一直平平。原因是她以前的上司胡悦是个非常傲慢和刻薄的女人，她对吴畅的所有工作都不加以赞赏，反而时常泼些冷水。一次，吴畅主动搜集了一些国外对公司出口的纺织品类别实行新的环保标准的信息，但是胡悦知道了，不但不赞赏她的主动工作，反而批评她不专心本职工作，后来吴畅再也不敢关注自己的业务范围之外的工作了。吴畅觉得，胡悦之所以不欣赏她，是因为她不像其他同事一样奉承她，但是她自知自己不是能溜须拍马的人，所以不可能得到胡悦的青睐，她也就自然地在公司沉默寡言了。

直到后来，公司新调来主管进出口工作的鑫峰，新上司新作风，从美国回来的鑫峰性格开朗，对同事经常赞赏有加，特别提倡大家畅所欲言，不拘泥于部门和职责限制。在他的带动下，吴畅也积极地发表自己的看法。由于鑫峰的积极鼓励，吴畅工作的热情空前高涨，她也不断学会新东西，起草合同、参与谈判、跟外商周旋……吴畅非常惊讶，原来自己还有这么多的潜能可以发掘，想不到以前那个沉默害羞的女孩，今天能够跟外国客商为报价争论得面红耳赤。

其实，吴畅的变化，就是我们说的心理暗示起了作用。一个人在不被重视和激励，甚至充满负面评价的环境中，往往会受到负面信息的左右，对自己做出比较低的评价。而人们在充满信任和赞赏的环境中，则容易受到启发和鼓励，往更好的方向努力，随着心态的改变，行动也越来越积极，最终做出更好的成绩。这就是暗示的力量。

企业对员工工作积极性的调动除了物质和精神奖励外，更多的则是各级管理者利用心理暗示来激励员工，实现企业的战略目标。作为企业人力资源管理者应学会利用心理暗示，做好人力资源管理工作。

单元总结与思考：

1. 心理暗示是用含蓄、间接的方式，对人的心理和行为产生影响。暗示作用往往会使别人不自觉地按照一定的方式行动，或者不加批判地接受一定的意见或信念。

2. 心理暗示既有积极的作用，也有消极的作用。对负面信息的过分关注或过度收集，就可能引起消极的心理暗示作用。

3. 调动潜意识的力量，也就是在开发员工的潜能。其中最常用的方法就是进行积极的心理暗示。

第三单元　赞扬让员工超越自我

在工作中，每个人都渴望被肯定、被赞美。管理者对自己的员工要多说一些赞扬的话，这样员工觉得你肯定和认同他的成绩，就会更加努力地做好本职工作，甚至超越自我。这是因为，领导就是权威，领导的赞美就是对员工的肯定，领导的赞美意味着员工是出色的，就有升职、加薪的可能。

刚进入社会的小张，在熙熙攘攘的纽约杂货店忙活了整整一天，累得筋疲力尽。他的帽子歪向一边，工作装上沾满了点点污渍，双脚越来越疼，装满货物的托盘在手中也变得越来越沉重。他感到疲倦和泄气：看来自己似乎什么也干不好。好不容易为一位顾客开列完一张烦琐的账单——这家人有好几个孩子，他们三番五次地更换冰淇淋的订单——小张感到自己真的准备"撂挑子"了。

这时候，这一家人的父亲一面递给他小费，一面笑着对他说："干得不错，你对我们照顾得真是太周到了！"

突然之间，他的疲倦感就无影无踪了。小张也回报以微笑。后来，当经理问到他对头一天的工作感觉如何时，他回答说："挺好！"那几句赞扬似乎把一切都改变了。

赞扬就像是照在人们心灵上的阳光，没有阳光，我们就无法发育和成长。然而，有许多人动辄向他人吹冷风，可是却吝于向同伴说几句阳光一样温暖的赞扬之语。

赞扬也讲究艺术，不过并不是每位管理者都懂得如何赞扬员工，有些管理者由于没有掌握赞扬的技巧，往往还会弄巧成拙。通常情况下，管理者在赞扬员工时应注意以下几个方面。

一是讲究赞扬的场合。这里所说的讲究赞扬的场合，就是说要让赞扬更具隐蔽性。通常情况下，领导者当着员工的面赞扬员工并非最好的方法，有时还会让员工怀疑领导者赞扬的动机和目的。如领导者在员工面前赞扬另一个员工，就会让被赞扬者有一种想法，"是不是自己做错了什么，他在安慰我，在为我打气"。而如果增加了赞扬的隐蔽性，让不相干的"第三方"将领导者的赞扬传递到员工那里，就可能会收到更好的效果。一个有效的办法是，领导者可以在与其他人交谈时，不经意地赞扬自己的员工。当员工从别人那里听到了上级对他的赞扬，会感到更加真诚和可信，进而更加激发出自己的工作热情。

二是赞扬应真诚，做到实事求是。领导赞扬员工时，贵在实事求是。同时，赞扬要发自内心，领导赞扬员工应该是发自真心的。如果员工感觉到领导是在故意赞扬他，有可能会产生逆反心理，甚至会觉得领导是虚伪的。

三是赞美要具备应有的热度。如果任意贬低员工的优点或成就，那么就会打消他的积极性，影响今后工作的态度。但是不适当地拔高了员工的成就，人为地加上成就本身不具有的价值、意义，甚至流于俗气地夸捧，那么也会产生不良影响。从而使受到赞美的人产生盲目自大的心理，误以为自己确有那样的成就，从而坠入"只见树木，不见森林"的迷雾之中，泯灭了发奋图强、努力开拓的意识。更可怕的是，有时还会造成其他员工的心理失衡。因为，对于名不副实的"典型"，人们常会由不服气到猜疑，甚至讨厌。如果真是这样，不但起不到应有的示范作用，反而会离散员工之间的凝聚力，甚至还会给领导增添许多不必要的烦恼。

四是赞扬要做到具体。赞扬员工具体的工作，要比笼统地赞扬他的能力更加有效。这是因为，被赞扬的员工会由于领导的赞扬而把类似的事做得更好，也不会使其他员工产生嫉妒心理，反而会促使其他员工以这件事情作为以后的工作榜样。

五是赞扬工作结果。作为管理者，在赞扬一位员工时，一定要注意赞扬这位员工自己具有的那部分特性。如果领导者对某位员工的赞扬是所有员工都具有的能力或都能完成的事情，这种赞扬会让被赞扬的员工感到不自在，也会引起其他员工的强烈反感。与此类似，领导者要赞扬的是员工的工作结果，而不是工作过程。如果一件事情没有完成，仅仅是对员工的工作态度或工作方式感到满意，就进行赞扬，那就收不到好效果。相反，这种基于工作过程的赞扬，还会增加员工的压力，进而会对领导者的赞扬产生某种条件反射式的反感。果真如此，领导者的赞扬也就成了弄巧成拙。

总之，赞美是人们的一种心理需要，是对他人敬重的一种表现。恰当地赞美别人，会给人以舒适感，同时也会改善与员工的关系。

单元总结与思考：

1. 作为领导者，应该努力去发现能对员工加以赞扬的小事，寻找他们的优点，形成一种赞美的习惯。

2. 赞扬的目的是传达一种肯定的信息，激励员工。员工有了激励会更有自信，想要做得更好。

第四节　强化心理培训

我们之所以需要关注心理问题，是因为"人认识自己是最难的"，正所谓"不识庐山真面目，只缘身在此山中"。一个人的心理健康与否是在先天素质的基础上，经过后天的环境与教育的影响而逐步形成的。因此，强化心理培训对管理者的管理工作必不可少。

第一单元　实施心理素质培训

心理素质包括人的认识能力、情绪和情感品质、意志品质、气质和性格等多个方面。比如，每个人都会有早晨赖床的情况发生，而起床、穿衣所用的力量就不是纯物理学上的力，而是精神的力量，是积极面对生存挑战的勇气。

心理素质中一个重要的素质是锲而不舍，这是一种意志力，是人所特有的高级心理。无论是生活中还是工作上，一个人的人生犹如一段逆风行舟的艰苦旅途，没有一种大无畏的精神去搏击风浪，就只能被冲垮、被淹没。意志力能使人主动地去预计和克服困难，能够让人执著追求，坚忍不拔，让生命之舟驶向远方。

有一个业务员常年出差，经常买不到坐票。可是无论长途短途，无论车上多挤，他总能找到座位。他的办法其实很简单，就是耐心地一节车厢一节车厢找过去。这个办法听上去似乎并不高明，却很管用。每次，他都做好了从第一节车厢走到最后一节车厢的准备，可是每次他都没有走到最后就会发现空位。他说，这是因为像他这样锲而不舍找座位的乘客实在不多。经常是在他落座的车厢里尚余若干座位，而在其他车厢的过道和车厢接头处，居然人满为患。

他说，大多数乘客轻易就被一两节车厢拥挤的表面现象迷惑了，不大细想在数十次停靠之中，从火车十几个车门上上下下的流动中蕴藏着不少提供座位的机遇；即使想到了，他们也没有那一份寻找的耐心。眼前一方小小的立足之地很容易让大多数人满足，为了一两个座位挤来挤去有些人也觉得不值。他们还担心万一找不到座位，回头连个好好站着的地方也没有。与生活中一些安于现状不思进取害怕失败的人，永远只能滞留在没有成功的起点上一样，这些不愿主动找座位的乘客大多只能在上车时最初的落脚之处一直站到下车。

古人讲，"锲而不舍，金石可镂；锲而舍之，朽木不折。"在工作中，很多人失败了，其实这并不是因为他们缺少知识和才能，而是他们在困难面前选择了放弃。所以，没有坚强意志支撑的人很难取得成就。

伟大是熬出来的，人常说："成功和失败只在一念之间。"这"一念"所指的就是坚持还是放弃！所以在生活或工作中，其成就的取得往往并不需要太多的智能，而更多时候是意志力。只要你有一种"傻走"的坚持行为，那么成就的取得也就是迟早的事。

近年来，社会对人才的需求发生了较大的变化，其中一个主要变化就是从专业型转变为素质型，现在大部分用人单位对毕业生不仅有专业技能上的要求，更重要的是综合素质上的要求。在综合素质培养过程中，心理素质的好坏决定着综合素质的高低。比如，好的工作态度的背后要依赖良好、稳定的情绪做支撑，优秀的团队精神的背后需要宽容的心态做基础。因此，注重培养员工的良好心理素质就是培养综合素质的前提。所以，那些自信、执着、富有远见并坚持不懈的人，也会始终手握一张人生之旅的永远的"坐票"——就像上面例子中那个经常出差的业务员一样。

单元总结与思考：

1. 心理素质不仅包括人们通常所认为的情绪稳定、意志坚强，心理素质还包括认识过程和个性等内容。

2. 人可以拒绝任何东西，但绝对不可以拒绝成熟。拒绝成熟，实际上就是在规避问题、逃避痛苦。对于这一心理疾病，如果不及时处理，就会为此付出沉重的代价，承受更大的痛苦。

3. 良好的心理素质，就是要保持快乐、稳定的情绪，培养顽强的意志力、增强承受挫折的能力，并且优化个性。

第二单元　员工心智模式培训

心智模式，是一个人了解外部世界及采取行动时内心的一些习以为常、理所当然的想法、假设、定见或图式，有时也可以说成是"思维定式"。

一个人的心智就是他知识和经验的总和，因为无论是吸收知识还是总结经验，最终都需要经过思考得出结论。在这个过程中，一个人的思考方法和思考模式都会多多少少产生变化，他会根据新的知识和经验，或巩固、或调整、或否定、或重建，而与此同时"学习能力"也会因此大幅增长。所以说，心智也是可发展、可培养、可重建，甚至可以反复重建的。

但是反过来，如果在这个过程中，人的思考模式出现一些差错，比如欺骗、隐瞒等，那么他的心智也就可能会停滞发展，甚至倒退。

20世纪70年代初，在石油危机爆发的前一年，壳牌石油公司企划部的人员在分析石油生产与消费的长期趋势时预见到：石油公司管理者所熟悉的稳定、可预期的市场正在发生改变，向来稳定成长的石油需求与供给将最终变为供不应求，由石油输出国控制卖方市场。但是他们的种种建议都被上级主管当成了耳边风。企业面临着一场深刻的危机。

通过分析，他们发现，问题出在决策者的心智模式上——由于未来可能出现的变化与管理者多年来认为市场会稳定成长的估计迥然不同，他们从心理上应该抵制对现有政策的改变。企划人员领悟到："我们的工作不是为公司的未来写企划书，而是重塑公司决策者的心智模式！"于是，他们开发出一套名为"情境企划"的方法，设计出石油市场未来可能出现的各种情况，迫使主管们认真思考公司未来能够顺利运营所需要的各种必要条件。

经过实实在在的深入分析，决策者们渐渐认识到自己对市场的既定看法在未来很难站得住脚，于是开始改变原有的思维定式，最终培养出新的心智模式。当石油输出国组织突然宣布石油禁运政策后，由于已有了充分的心理准备，壳牌石油公司的管理者应付自如。

石油危机爆发时，壳牌石油公司与其他公司限制各分公司的权力、实施集中控制的做法相反，该公司给各地分公司以更多的自主权，使其较竞争者有更大的机动能力；同时，加快在石油输出国组织以外的国家开发油田，放慢对炼油厂的投资，并设计出能处理不同种类原油的设施。

由于及时改善了心智模式，该公司顺利度过了石油危机，由1970年的世界第七大石油公司一跃成为1979年时的世界第一。

壳牌石油公司"改善心智模式"的这项修炼，为我们提供了两类技巧：一是反思，用反思来放慢思考过程，以使我们更能发现自己的心智模式是如何形成的；二是探询，用探询来发现我们与别人面对面谈论问题，尤其是复杂问题时，是如何互动的。

在企业中，员工心态的健康与否，会直接影响自身看问题的角度和态度。大学毕业生和新员工越能尽快完成职业化，就越能快速发展，也越能为单位创造更大的效益。而心智的开启，也就是我们俗语中的"开窍"，佛教用语中的"顿悟"。在心智开启之前，一个人可以用他理所应当拥有的智商正常生活——当然有好有坏。然而，当一个人的心智开启之后，他将面临一个崭新的世界——尽管依然有好有坏。在这个新的世界里，一切都可能与从前不一样，因为他要用他开启过的心智去理解、去判断。

一个人的心智一旦开启，他就会不断自我积累、自我过滤，最终根深蒂固。人与人之间心智力量的差异，就是这样一点点经过积累而形成的。最终注定了天壤之别的结果，在这一点上，企业管理者应该受到深刻的启迪。

单元总结与思考：

1. 员工心理需求层次分别是：生理需要、安全需要、归属需要、尊重需要、自我实现需要。

2. 心智成熟不可能一蹴而就，它是一个艰苦的旅程。人人都有心理问题，只不过程度不同而已；人人都有程度不同的心理疾病，只不过得病的时间不同而已。

3. 要做一个心智成熟的人，就要勇敢地面对自己的问题，不要逃避。直面问题，我们的心智就会逐渐成熟；逃避问题，心智则会永远停滞不前。

第三单元　员工积极心态培训

毛泽东同志曾经说过："我们的同志，在困难的时候，要看到成绩，要看到光明，要提高我们的勇气。"这是一种真正的积极思维。具有这种心态，在面对烦恼时就能拨云见日，并保持对事物乐观以待的态度，其结果必然也会如愿以偿。

积极的态度是一种思考的模式，它指导我们在面临压力的时候，仍能寻求最好、最有利的结果。

有一个朋友在一家公司工作了很久，一天另外一家公司想以非常高的待遇来聘请他。当时，他和老板讲起这件事，老板这样说："你不要走，相信我，你留在这里，对你的发展绝对有好处。"可是没有想到，半年之后，他就接到了公司的辞退令。这件事发生以后，他就徘徊在不被需要、被戏弄的心理状态中，愤世嫉俗，产生了很多消极的情绪。

非常幸运的是，有一天无意中他正好看了一篇关于"选择的自由"的讲稿，他开始思考，像自己这种情况，积极思考会有用吗？虽然他怀疑，却发现正是那些消极的情绪使自己一蹶不振。于是，他按照讲稿给出的方法，开始改变思维的方式，并尝试着想：这次解雇对我究竟有什么意义？

在开始积极思考之后不久，他就遇到了另一位朋友，这位朋友问他："最近你怎么样啊，工作情况如何？"他非常坦率地回答说："哎，我刚被解雇。"

他的朋友非常惊讶他的坦率，问他到底是怎么回事。他就把这件事情的原委告诉了朋友，并且最后还说了一句话："我相信只要有信心，即使一扇门关上了，也将有另一扇门为我打开。"

结果不久，他接到了这位朋友打来的电话，告诉他说，他们公司正好有一个很适合并悬缺良久的职位，工资虽然不如他以前的公司给的多，但是却很有发展潜力。他满怀信心地投入了新的工作。而在这份工作中他发现，这就是他梦寐以求的那种工作。在新的工作中他越干越起劲，也就忘记了失掉前一份工作所带来的不快。

所谓积极思考，其实就是一种深思熟虑的过程，也是一种主观的选择。所以，当我们能够把眼光不局限于眼前的失利，而以一种发展的眼光看待生命中的挫折的时候，就会找到一条更好的出路。

很多时候，失败或感到失意并不是因为力量不足或者缺少了必要条件，而是在周围环境和其他人的影响下，很多人开始在心里产生消极的自我暗示，从而打乱了内心的平静而无从下手。

有一个关于"人工印记"的试验报告是这样介绍试验情况的：试验者把一枚邮票大小的纸片泡湿后贴在了被测试者的皮肤上，然后告诉被试者这个纸片一贴皮肤，皮肤就会发烧。结果，当这位试验人员拿走纸片后发现，那块皮肤果真变红了。其实，皮肤变红就是由于受到精神暗示的作用所产生的过敏反应而已。

在生活中也有很多类似的情况，比如有的人本来精神状态很好，但是当他得知自己患了某种不治之症时，他就会开始变得焦躁、萎靡、缺乏食欲，甚至悲观厌世，病情迅速恶化。这些人就是由于心理受到了消极的暗示，因此从得病到去世只有很短的时间。

很多人都会经常受情绪的左右，由于产生了这些不良的消极心态，所以他们对自己开始不自信，没有了成功的欲望，最终因为这些情绪而厌恶工作和人生。因此，我们无论是在工作中还是生活中，都应该学会控制自己的情绪，保持积极良好的心态，而不能让消极的暗示影响自己的人生，这样才能保持最佳的状态。

比如，在奥运赛场上，竞技体育就是最为激烈的竞争，因此，如此激烈的竞争给运动员带来的心理和生理上的压力可想而知。而且，这些高手之间的比赛，其水平也是相差无几，所以最重要的就是他们的心态是积极的还是消极的，要取得胜利就必须具有必胜的信心。所以，那些有过比赛经验的人越是在这个时候，越是用积极的心理暗示来进行自我调节，使生理和心理都进入最佳状态，从而可以正常甚至超常发挥训练水平，创造更好的成绩。

人的大脑就是这样，如果你经常给它以正面的积极的暗示，那么你就会发现自己头脑越来越灵活，时常创意不断，从而产生意想不到的效果。因此，那些在职场上具有成就的也大多是善于给自己最积极心理暗示的人，而那些缺乏自信、觉得自己不够有实力的人，就会不自觉地给自己消极的心理暗示，从而带来负面影响，使自己运气更加不好。

这些例子就是告诉我们，要学会一种积极的思维方式，从逆境中发现积极的暗示，或者自己给予自己积极的暗示，从而掌握"选择的自由"。

单元总结与思考：

1. 英国作家萨克雷说："生活就是一面镜子，你笑，它也笑；你哭，它也哭。"所以，要培养积极的心态，就要养成善于发现生活美好方面的习惯。

2. 驱除"黑点思维"。一张白纸上有一个黑点，有的人只看到黑点，这就是进入了黑点思维，所以在这个时候要学会换一种角度，全面地看待整张白纸，就会发现白纸所占比例其实远大于黑点。

3. 把工作当成一种"带薪的愉快学习过程"。面对纷杂的社会环境，要学会把失败当成千载难逢的学习机会，把挫折当作不断提升自我的台阶，把危机看作展示自己智慧的机遇，这样就能保持旺盛的热情和积极的进取心。

第四单元　情商培训与员工心理

一个人要想取得成功，必须有一定的智能。但拥有高智能并不一定就意味着成功，然而，只要你拥有积极健康的情绪就一定能成功。

1995 年，美国行为与脑科学专家、哈佛大学教授丹尼尔·戈尔曼出版了一本书——《情绪智力》。此书一出版，就在美国社会掀起轩然大波。各个阶层，各个领域，从大公司的高级白领，到流落街头的失业青年，都谈论、关注着一个崭新的概念——EQ，即情绪智力，翻译成中文就是"情商"。

对于许多人来说，如果总是处于高度压力的状态之中，做起事来就会事倍功半，造成精神上的极度紧张。事实上，你越是急着去工作，就越难决定哪一件事是最重要的、最需优先解决的，从而让工作成为一种负担。因而，对于工作，我们同样需要运用情商的艺术，让工作变得轻松而愉快。

王强大学毕业后进入一家大型造纸公司的业务部，负责整理票据的工作。工作了一段时间之后，他开始厌烦这份工作了，因为他所学的经济学根本派不上用场，他的工作情绪十分低落。

为了摆脱困境，他便开始重新认识工作的性质，并从现在的工作寻找其中的乐趣。对此，他就改变了一种工作方法，他把各部门的票据进行统计分类之后，把它们做成了年度报表和月报表，这样就能从中看到整个公司的运营状况。这样一来，表面看来单调的工作，就变得有意义多了，因此王强也开始对工作更有兴趣，更热爱他的工作了。

对工作确立大目标，是接纳讨厌的工作的第一步。换句话说，面对感到头疼的工作时，在能力范围内赋予价值，便能增强注意力，发现工作的乐趣。对于工作，无论从整体还是从部分中，尝到成功的滋味或发现乐趣，均是快乐的体验。而这种体验对于改善工作心情、提高工作意识有很大的帮助。

人们普遍认为，喜欢之后才能熟巧。只要拥有快乐的体验，再苦、再累的工作，也会让你集中精神去做。在实践中不难发现，一个具有良好情感的人，比情绪经常不稳的人，成功的概率要高得多。比如，一个优秀的工作者，首先就必须学会管理自己，而这其中最关键的是对自我情绪的掌控，这种能力就是情商。

情商在不同工作岗位上的要求也不相同，比如你从事的工作是单独与物打交道的职业，例如技术工作、财会工作、手工艺、音乐、绘画等，智力因素占有较大比重，而情商因素，主要是解决智力水平的发挥问题，相对影响较小；而对于从事频繁人际交往职业的人，情商因素对成功与否影响颇大。

某公司在招聘时，要求两名被聘者回答这样一个问题："如果你打开旅客的房门，发现一名女旅客正在洗澡，你该怎么办？"其中一名回答说："对不起，小姐，然后退出房间。"而另一名回答说："对不起，先生，然后退出房间。"显然，后者的回答比前者更镇定自若，更为对方着想，且更灵活，有意地掩饰了女旅客洗澡被异性发现的尴尬。毫无疑问，后者情商比前者要高。

研究表明，事业成功与否，在很大程度上取决于我们如何更娴熟地运用这些技能。拥有良好情感智力的人之所以能够达到事业的顶峰，正是因为他们充满自信，深谙自我激励的奥妙。因此，具有良好情商的人就会具备以下五种比较突出的能力，如表7-3所示。

表7-3　具有良好情商的人所具备的能力

能　力	表　　现
认识自身情绪	认识情绪是情商的基石，这种随时随地的认知感觉能力，对了解自己非常重要。不了解自身真实感受的人必然沦为感觉的奴隶，反之，掌握感觉能力才能成为生活的主宰
善于管理情绪	这种情绪的管理能力就建立在自我认知的基础上，这些能力就包括自我安慰、摆脱焦虑、灰暗或不安等，所以这方面能力较匮乏的人常常要与低落的情绪交战，而掌控自如的人，则能很快地走出生命的低谷，重新出发
善于自我激励	成就任何事情都要靠感情的自制力来克制冲动，延迟满足和保持高度热忱是一切成就的动力。一般而言，能自我激励的人做任何事效率都比较高
认知他人情绪	要想具备认知他人情绪的能力，就需要富有同理心，所以这也是人际交往的基本技巧，因此有同理心的人就能从细微的信息中觉察到他人的需求，从而更好地处理好事情，做好工作
具有人际关系管理的能力	人际关系就是管理他人情绪的艺术，一个人的人缘、领导能力、人际和谐程度都与这项能力有关，充分掌握这项能力的人常是社会上的佼佼者

单元总结与思考：

1. 人的情绪会受意识的影响，因此不要把自己想成一个失败者，而要尽量把自己当成一个赢家，这样成功概率才会更高。

2. 天有不测风云，人有旦夕祸福。当遭遇灾难，我们所要做的就是接受它、适应它，否则忧闷、悲伤、焦虑、失眠会接踵而来。

3. 学会发现工作的乐趣。在现实生活中，不可能所有的工作都与我们的兴趣相吻合，这时候就需要把枯燥的工作变成一种乐趣，发掘潜藏其中的快乐所在，从而享受其中的乐趣。

附　录

海外 EAP 的发展历史

EAP（Employee Assistance Program），即员工帮助计划，是企业组织为员工提供的系统的、长期的援助与福利项目。它通过专业人员对组织以及员工进行诊断和建议，提供专业指导、培训和咨询，帮助员工及其家庭成员解决心理和行为问题，提高绩效及改善组织气氛和管理。简而言之，EAP 是企业用于管理和解决员工个人问题，从而提高员工工作效率与企业绩效的有效机制。

EAP 起源于 20 世纪 50 年代，最初的对象是"二战"老兵。

20 世纪 70 年代，EAP 被应用于企业。1971 年，在美国洛杉矶成立了一个 EAP 的专业组织，即现在国际 EAP 协会的前身。这一机构的最初目标是为了帮助员工解决酗酒等不良行为问题。

20 世纪 80 年代，EAP 组织建立了 CEAP 协会（EAP 认证咨询师），这开创了 EAP 咨询师这一职业。作为一名专业的 EAP 工作者，CEAP 需要达到 EAP 组织设定的标准，最重要的是对一些特定信息的保密。

截至 2002 年，EAPA（国际 EAP 协会）已经有 6200 多名会员和 103 个分会。大部分的分会都在美国境内，还有一些在英国、澳大利亚、智利和其他一些国家。在这之前的 2000 年，日本分会也成立了，这是 EAPA 在亚洲的第一个代表组织。

经过近几十年的发展，EAP 已经从最初的酗酒、滥用药物等行为矫正，发展到了现在对个人问题的全面帮助。现在的 EAP 已经发展成为多维度的深入员工心理的企业管理手段，越来越广泛深入地与企业的人力资源管理衔接起来。

EAP 在企业管理实践中具有不可忽视的重要作用，诸如：帮助企业处理那些会对工作业绩产生影响的工作、个人问题及挑战；帮助企业提高生产力和工作效率；减少工作事故；降低缺勤率和员工周转率；提升工作间的合作关系；帮助企业管理意外事件的风险；树立组织关心员工的形象；吸引及保留员工；减少员工抱怨；帮助解决成瘾问题；提高员工士气和积极性；为业绩分析和改进提供管理工具；证明对员工的关心态度；帮助直线经理确认和解决员工的问题等。

企业建立 EAP 的最初和最终目的在于降低成本、提高效率。随着社会的发展，越来越多的人认为关心员工的心理问题是企业的责任，而且得到了司法方面的支持。因此，许多发达国家把 EAP 视为一种社会保障和福利。

探索中国 EAP 的发展方向

在过去的 10 年中，中国社会经济环境发生了翻天覆地的变化；同时，中国的企业组织也在日益激烈的竞争环境下面临着空前的压力，更加沉重的工作量、更长的工作时间，所有的这一切都需要员工自己来调节。

曾有多项面向中国企业经营者身心健康状况的调查报告显示，有相当数量的企业经营者对自己身心健康状况表示担忧，处于亚健康状态的企业经营者占了大多数，主要表现为工作过于繁忙、心理压力过重、心力疲惫不堪、时常烦躁易怒等；一些与心理健康状况有关的慢性疾病如慢性胃炎、高血脂症、神经衰弱等也具有较高的发病率，几种常见慢性病如高血压、高血脂症、慢性胃炎等的患病比重呈上升趋势；不少企业经营者感觉孤独，心理压力已经成为职场中最常见的问题。抑郁、焦虑、婚姻问题、"问题"儿女，这些都越来越明显地影响着企业管理者及员工的工作，影响着企业的效益。

国家安全生产监督管理局的金磊夫先生曾在一次 EAP 的交流会议中公布了这样的数据：中国每天会产生 5000 个职业病人，而中国的企业界每天都为他们支付 2000 万元人民币的损失。而对 IT 行业 2000 多名员工所做的调查表明，有 20% 的企业员工压力过高，至少有 5% 的员工心理问题较严重。有 75% 的员工认为他们需要心理帮助。目前，我国已经成为高自杀率的国家，卫生部曾经发表的研究报告指出，中国自杀率大约为十万分之二十三，远超过世界平均的十万分之十三。

2004 年 3 月的大裁员也许是联想集团总裁杨元庆最不愿意讲述的事情，因为大裁员确实让整个集团的员工人心惶惶。而当时来中国考察的美国职业咨询师肯·博基斯很无奈地说："在面临裁员时，所有的员工都疑虑重重，员工们不知道该不该继续工作，许多人成天都没有精神，有的甚至在考虑找其他工作。他们总是等到员工不能正常工作了才意识到需要为员工减压。"肯·博基斯曾经先后担任美国钢铁集团和美国海湾石油公司的 EAP 总监。

一些在华跨国公司较早地开始关注职业压力与心理方面的问题。比如通用电气、IBM、思科、朗讯、可口可乐、三星等公司，纷纷邀请培训师在企业广泛开展了此类培训并计划 EAP 服务的实施。

全球第四大石油公司康菲石油公司全球 EAP 经理戴科斯·威尔逊女士 2004 年 4 月来到中国，希望为 450 名在北京、塘沽、蛇口工作的员工提供 EAP 服务。"我们现在正在谈判，希望在中国将 EAP 纳入财务预算。"戴科斯·威尔逊女士很明确地表示。康菲石油公司全球的 EAP 投入占整个人力资源投入的绝大部分。也就是通过这样的计划，康菲石油公司现在耗费在员工医疗上面的投入从 1980 年的 15% 降低到了现在的 7%。

事实说明，EAP 为企业创造效益前景广阔，据研究机构美国职业压力协会估计，压力及其所导致的疾病——缺勤、体力衰竭、神经健康问题——每年耗费美国企业界 3000 多亿美元。依据美国健康和人文服务部在 1995 年的资料，EAP 的投资回收率（ROI）主要体现在以下几个方面：在美国，对 EAP 每投资 1 美元，将有 5 ~ 7 美元的回报；1994 年 Marsh & McLennon 公司对 50 家企业做过调查，在引进 EAP 之后，员工的缺勤率降低了 21%，工作的事故率降低了 17%，而生产率提高了 14%；根据 1990 年 McDonnell Douglas 对经济增长的研究报告所示，实施 EAP 项目四年来共节约成本 510 万美元；在美国一家拥有 7 万员工的信托银行引进 EAP 之后，仅仅一年，他们在病假的花费上就节约了 739870 美元的成本；据报道 Motorola 日本公司在引进 EAP 之后，平均降低了 40% 的病假率（2002 年数据）。

国内的企业也开始重视企业心理服务的内容。据悉，2002 年 5 月 7 日大连空难后，西安杨森有 3 名员工罹难。杨森公司在处理员工后事时，特别引入心理干预，引起了业内的广泛关注。而联想集团更是请来 10 位心理学专家，为客户服务部近千名员工进行心理把脉。国家开发银行、大亚湾核电站等也正在实施员工心理培训计划。

随着企业管理的进步，可以预计，压力管理、情绪管理将会成为我国企业管理当中最紧迫的课题，诸如 EAP 这样的产业心理咨询服务将有广阔的应用前景。

500 强企业的员工心理测试题

这个心理测试是由中国现代心理研究所以著名的美国兰德公司（战略研究所）拟制的一套经典心理测试题为蓝本，根据中国人心理特点加以适当修改后设计的心理测试题，目前已被一些著名大公司，如联想、长虹、海尔等公司作为对员工心理测试的重要辅助试卷。

注意：每题只能选择一个答案，应为你第一印象的答案，把相应答案的分值加在一起即为你的得分。

1. 下列运动项目中，挑选出你最喜欢但不一定擅长的是哪一项？

（A. 瑜伽，2分；B. 自行车，3分；C. 乒乓球，5分；D. 拳击，8分；E. 足球，10分；F. 蹦极，15分。）

2. 你平时休闲经常去的地方有哪些？

（A. 郊外，2分；B. 电影院，3分；C. 公园，5分；D. 商场，10分；E. 酒吧，15分；F. 练歌房，20分。）

3. 你认为容易吸引你的人是什么人？

（A. 有才气的人，2分；B. 依赖你的人，3分；C. 优雅的人，5分；D. 善良的人，10分；E. 性情豪放的人，15分。）

4. 你更喜欢吃哪种水果？

（A. 草莓，2分；B. 苹果，3分；C. 西瓜，5分；D. 菠萝，10分；E. 柑橘，15分。）

5. 天气很热，你更愿意选择什么方式解暑？

（A. 游泳，5分；B. 喝冷饮，10分；C. 开空调，15分。）

6. 如果必须与一个你讨厌的动物或昆虫在一起生活，你能容忍哪一个？

（A. 蛇，2分；B. 猪，5分；C. 老鼠，10分；D. 苍蝇，15分。）

7. 你喜欢看哪类电影、电视剧？

（A. 悬疑推理类，2分；B. 童话神话类，3分；C. 自然科学类，5分；D. 伦理道德类，10分；E. 战争枪战类，15分。）

8. 以下哪个是你身边必带的物品？

（A. 打火机，2分；B. 口红，2分；C. 记事本，3分；D. 纸巾，5分；E. 手机，10分。）

9. 你出行时喜欢坐什么交通工具？

（A. 火车，2分；B. 自行车，3分；C. 汽车，5分；D. 飞机，10分；E. 步行，15分。）

10. 你认为自己更喜欢在以下哪一个城市中生活？

（A. 丽江，1分；B. 拉萨，3分；C. 昆明，5分；D. 西安，8分；

E. 杭州，10分；F. 北京，15分。）

11. 如果你可以成为一种动物，你希望自己是哪种？

（A. 猫，2分；B. 马，3分；C. 大象，5分；D. 猴子，10分；

E. 狗，15分；F. 狮子，20分。）

12. 如果你拥有一座别墅，你认为它应当建在哪里？

（A. 湖边，2分；B. 草原，3分；C. 海边，5分；D. 森林，10分；

E. 城中区，15分。）

13. 你更喜欢以下哪种天气现象？

（A. 雪，2分；B. 风，3分；C. 雨，5分；D. 雾，10分；E. 雷电，

15分。）

14. 你希望自己的窗口在一座30层大楼的第几层？

（A. 七层，2分；B. 一层，3分；C. 二十三层，5分；D. 十八层，10

分；E. 三十层，15分。）

15. 以下颜色你更喜欢哪种？

（A. 紫，2分；B. 黑，3分；C. 蓝，5分；D. 白，8分；E. 黄，12分；

F. 红，15分。）

结果分析：

180分以上，意味着你意志力强，头脑冷静，有较强的领导欲，事业心强，不达目的不罢休；外表和善，内心自傲，对有利于自己的人际关系比较看重，有时显得性格急躁，咄咄逼人，得理不饶人，不利于自己时顽强抗争，不轻易认输；思维理性，对爱情和婚姻的看法很现实，对金钱的欲望一般。

140~179分，意味着你聪明，性格活泼，人缘好，善于交朋友，心机较深。事业心强，渴望成功；思维较理性，崇尚爱情，但当爱情与婚姻发生冲突时会选择有利于自己的婚姻。金钱欲望强烈。

100~139 分，意味着你爱幻想，思维较感性，以是否与自己投缘为标准来选择朋友。性格显得较孤傲，有时较急躁，有时优柔寡断；事业心较强，喜欢有创造性的工作，不喜欢按常规办事；性格倔强，言语犀利，不善于妥协；崇尚浪漫的爱情，但想法往往不合实际。金钱欲望一般。

70~99 分，意味着你好奇心强，喜欢冒险，人缘较好；事业心一般，对待工作，随遇而安，善于妥协；善于发现有趣的事情，但耐心较差，敢于冒险，但有时较胆小；渴望浪漫的爱情，但对婚姻的要求比较现实；不善理财。

40~69 分，意味着你性情温柔，重友谊，性格踏实稳重，但有时也比较狡黠；事业心一般，对本职工作能认真对待，但对自己专业以外的事物没有太大兴趣，喜欢有规律的工作和生活，不喜欢冒险，家庭观念强，比较善于理财。

40 分以下，意味着你散漫，爱玩，富于幻想；聪明机灵，待人热情，爱交朋友，但对朋友没有严格的选择标准；事业心较差，更善于享受生活，意志力和耐心都较差，我行我素。有较强的异性缘，但对爱情不够坚持认真，容易妥协。没有财产观念。

参考文献

[1] 艾莫．好员工你凭什么"被需要"［M］．长春：吉林出版集团，2012．

[2] 孙正元．管人就是管心理：调节员工心态的心理学方法［M］．北京：电子工业出版社，2013．

[3] 王振林．激发心灵的自我管理：知识型员工价值整合的 8 大攻略［M］．北京：机械工业出版社，2010．

[4] 陈玮．别让情绪失控害了你［M］．北京：中华工商联合出版社，2014．

[5]［美］麦迪，克沙巴．顶住职场压力［M］．姜玮，殷燕译．北京：中信出版社，2009．

[6] 余玲艳．员工情绪管理［M］．北京：东方出版社，2007．

[7] 刘平青等．员工关系管理：中国职场的人际技能与自我成长［M］．北京：机械工业出版社，2012．

[8] 房伟．卓越员工职业生涯管理［M］．北京：北京工业大学出版社，2014．

[9] 王光普．员工心理读本［M］．北京：中国纺织出版社，2013．

[10]［美］亨利．领导者的 15 堂情商课如何有效领导与激励员工心理学管理［M］．高采平等译．北京：电子工业出版社，2012．

后　记

　　心灵管理是迈向未来的软性管理体系，已成为组织面向未来的重要治理内容。在本书截稿的时候，移动互联网浪潮正在冲击原有的社会组织体系，企业管理的边界发生了巨大的变化。在这样波澜壮阔的时代里，从事组织人际和心灵的管理研究，恰恰给了我们一个很好的视角，人的内在动机是灵动的，是有规律并且恒久的。人内在的基本需求需要得到满足，无论互联网怎么去重构组织的结构，人的基本需求还是不会改变的，管理只有更加顺应这个方向，才是适应时代的。

　　本书经过了几年的酝酿，我们在实践中不断地进行修正，在工作中面对企业员工的时候，将一次次的面谈机会当成是心灵管理的实验，并且在实验中注重观察对员工士气以及对企业经营成果的影响。

　　通过不断总结，得出一些看似普通，但是却对企业运营产生重大影响的结论。当一个企业管理团队出现问题的时候，他们的目标变得模糊，人际关系变得复杂，领导者忙于平衡内部团队成员之间的关系，短期丧失了对企业的领导力。而在受到邀请，进入企业，帮助企业重整团队的心灵碎片，逐一做好团队成员的协调工作，让大家回到创业初期的一些心理状态，团队开始拼接成完整的心灵地图，在这张地图上，开始强调融合，开始强调企业的目标和愿景，让企业成为一个有梦想并且靠梦想支撑的组织。管理的方法中去除了很多违背人性的不合理因素，团队战斗力得以显现。管理的潜力不在资产之上，而在人心之中。

感谢华夏智库张杰老师、李德华主编参与对图书的编辑整理、装帧设计建议。感谢经济管理出版社给予出版支持。不过，图书乃一家之言，不妥之处，还望读者海涵，并且予以指正。